헨리 키신저, 우크라이나 사태를 말하다

헨리 키신저 우크라이나 사태를 말하다

김선명 지음

뿌쉬낀하우스

목차

프롤로그   11

제1부   헨리 키신저의 우크라이나 해법

01. "러시아를 세계질서 안으로 편입시키라"
   - 키신저의 대러시아 외교   21

02. "러시아를 중국에 대한 전략적 균형추로 사용하라"
   - 미국의 대중 외교에 대한 키신저의 경고   33

03. "나토의 실수는 러시아의 정체성에 도전했다는 것이다"
   - 우크라이나와 나토에 관한 키신저의 견해   45

04. "우크라이나는 평화를 위해 영토를 양보하라" vs
    "우크라이나는 나토에 가입하라"
   - 우크라이나 사태에 대한 키신저의 해법   62

제2부   헨리 키신저의 '세계 질서'

01. "한 나라의 몰락은 한 나라가 패권을 쥐는 것만큼 위험하다"
    - 나폴레옹 전쟁 이후 세계 질서   81

02. "베르사유 조약으로 유럽의 국제질서는 무너지고 말았다"
    - 제1차 세계대전 이후 세계 질서   92

03. "나토는 제 역할을 잘 수행하고 있는가"
    - 제2차 세계대전 후의 세계 질서   101

제3부   키신저 외교의 공과 논쟁

01. "베트남 전쟁은 처음부터 미국의 실수였다."
    - 베트남 전쟁의 비극   117

02. "죽의 장막, 철의 장막을 열다"
    - 데탕트(détente)의 시작   127

03. "셔틀외교로 중동의 평화 찾다"
    - 미국의 중동 외교   132

에필로그

01. "우크라이나는 평화를 위해 영토를 양보해야 한다"
    - 양보와 포기를 통한 세계 질서 유지   145

02. "이 전쟁은 러시아 자체에 대한 전쟁이 되어서는 안 된다"
    - 전쟁의 정당성 확보   151

03. "키신저는 평화주의자다"
    - 다른 맥락에서의 평화주의자, 촘스키와 키신저   157

04. "전쟁을 끝내고, 다극체제로 나아가자"
    - 포스트 우크라이나 전망   161

부록

01. 빈 의회 최종 의정서 전문(1815)   169

02. 윈스턴 처칠의 '철의 장막' 연설 전문
       <평화의 원천 Sinews of Peace>   221

03. 북대서양 조약 전문   225

04. 제1차 전략무기제한협정 전문 (SALT I)   230

참고 자료   239

프롤로그

2023년 5월 27일 미국의 정치학자이자 외교관, 국무장관인 헨리 키신저가 100세의 나이를 맞이한다. 그가 1954년 하버드대학교에서 박사학위를 취득하여 학자의 인생을 산 지는 69년, 1956년 넬슨 록펠러의 고문이 되면서 정치에 입문한 지는 67년, 닉슨 대통령의 국가안보보좌관(69~75) 및 국무장관(73~75), 포드 대통령의 국무장관(75~77)으로 국가에 봉직한 지도 54년이 흘렀다. 물론 두 대통령의 오른팔로서 봉직한 것은 불과 9년에 불과하지만, 은퇴 후 현재에 이르기까지 세계의 국제 정치와 외교에 있어 많은 발언과 논평으로 그리고 많은 저작으로 커다란 영향을 끼쳤으며, 중요한 국제 사안에 대해서는 항시 많은 정치인과 외교관들, 여러 대통령과 기업가의 자문역을 마다하지 않고 수행해 오고 있으니 지성과 실전을 겸비한 베테랑으로서의 그의 영향력은 반세기 이상 지속되고 있는 것이다.

'전 세계의 외교 대통령' 등의 수식어가 따라다니는 헨리 키신저의 삶은 이미 많은 저자들에 의해 전기로 쓰여졌고, 스스로 자서전 형식의 책 『백악관 시절White House Years』, 『격변의 시절Years of Upheaval』, 『부흥의 시절Years of Renewal』을 쓰기도 했다. 그의 삶이 화려한 이유는 세계의 역사와 함께 하기 때문이다. 제2차 세계대전 직후 냉전 시대를 겪고 있는 중에 중요한 정치적 책무를 맡았고, 미국이 그야말로 수퍼파워로 부상할 수 있는 토대를 마련하였다고 해도 과언이다. 이 정도로 그는 전세계를 뒤흔드는 외교술을 발휘하여 세계 역사를 주도한 것이다.

100세를 맞이한 노장 외교가의 삶을 조명하고자 하는 것이 이 책의 목적은 아니다. 이 책을 쓰게 된 동기는 가장 영향력 있는 외교 수장이 제3차 세계대전을 방불케하는 러시아-우크라이나 전쟁에 대해 내어놓고 있는 논평에 주목할 필요가 있다고 판단했기 때문이다. 즉 그가 2022년 개전 초기 내어놓았던 해법은 많은 논란을 불러일으킨 만큼 단순한 발언으로 치부할 수 없으며, 게다가 일년 후 자신의 주장을 뒤집는 발언 역시 그 원인을 분석할 필요가 있는 것이다.

키신저는 개전 초기 우크라이나 젤렌스키 대통령을 향해 "우크라이나는 평화를 위해 영토를 양보하라"는 발언을 해서 많은 논란이 일었고, 러-우 전쟁 1년이 지난 시점에 "우크라이나는 나토에 가입해야 한다"는 상반된 주장을 펴 또다시 논란의 대상이 되었다. 두 발언 모두 다보스 포럼(세계경제포럼)에 화상으로 참석한 키신저가 한 발언으로 전자는 2022년 5월, 후자는 2023년 1월에 있었다. 이후 본문과 에필로그를 통해 정확한 발언 내용들이 분석될 것이지만, 개전 초기 키신저는 두 달 안에 평화협상을 진행해야 한다는 강한 어조로 종전을 촉구했고, 영토를 양보하라는 발언 역시 국제정치에서 평화를 위해서라면 양보와 포기도 불사해야 한다는 본인의 외교 신념에 따른 발언이었다. 하지만 다소 과장된 보도로 인해 젤렌스키를 비롯한 많은 우크라이나인들의 분개를 샀고, 키신저는 며칠 후 발언 내용을 정정하는 소동을 빚었다. 2023년 1월 다보스 포럼에서의 발언 역시 우크라이나의 나토 가입만을 내세운 보도들 때문에 이번에는 러시아인들의 빈축을 샀다. 하지만 그의 발언 전문을 보면 그 진위를 알 수 있다.

  키신저의 발언들은 일반적 입장에서 충격적일 수 있다. 하지만 우크라이나 사태 해결에 있어 가장 실현 가능한 방안이며, 단순한 종전을 위한 순간적 발언이 아니라 그의 외교철학이 바탕이 된 발언임에 유념할 필요가 있다. 키신저는 이미 2014년 이후 꾸준히 우크라이나 사태에 대해 관심을 가지고 발언해 왔으며, 러시아 및 우크라이나 관계 등에 관해 오랜 견해를 가지고 있었다. 러시아에 대한 관심으로 말할 것 같으면, 냉전 시대 소련 시절로 거슬러 올라가야 할 것이며, 키신저야말로 70년대 데탕트를 성사시킨 소련 전문가라 할 수 있다.

  이번 우크라이나 사태에 있어 키신저의 조언이 매우 유효한 이유는 그가 중국과 러시아에 정통한 외교관이며, 중국과 러시아를 통해 미국의 실리를 추구하는 현실주의정치(레알폴리틱)[01]의 대가이기 때문이다. 그의 시각은 자국의 이익을 중심으로 하되 지나치게 진영 논리로 치우치지 않고, 국제 질서와 평화를 위한 최선의 방안을 찾는다. 그가 미국편향적, 강대국 편향적임을 부정할 수는 없지만, 장기적 안목의 세계 질서와 평화를 위한 세력 균형의 재편이라는 문제에 천착하고 있음에 주목해야 한다.

이 책은 세계 석학들이 바라보는 '우크라이나 사태'에 관한 논점과 해결방안을 분석하는 책으로 이미 '살아있는 양심'으로 불리는 노엄 촘스키 교수의 지적을 통해 우크라이나 사태를 분석한 바 있다. 키신저 박사는 촘스키 교수와는 달리 공직에 있었기 때문에 다른 논조를 가지는 것은 당연한 사실이다. 하지만 그들이 공통적으로 조속한 종전과 평화적 해결을 찾고 있다는 데에는 의심의 여지가 없다. 다만 이 책에서는 키신저의 발언을 분석하되 전작과는 달리[02] 키신저의 해법, 즉 문제의 발언이 어디에 근거하는지 그 학문적 근원을 따져보고, 그것을 바탕으로 키신저 외교철학이 이번 사태의 현재와 미래를 예견할 수 있을지 살펴볼 것이다. 즉, 키신저

---

01 이데올로기보다는 주어진 상황이나 요인에 따르는 외교 및 정책 등을 이르는 것으로 현실주의나 실용주의와 맥락을 같이 한다. 대표적 레알폴리틱 권위자로서 헨리 키신저, 즈비그뉴 브레진스키, 조지 케넌, 한스 디트리히 겐셔, 샤를 드 골, 리콴유 등을 든다. 레알폴리틱의 실례를 키신저에게서 들자면, 공산주의 반대 및 봉쇄 정책을 펴고 있을 때, 당시 상황을 고려해 외교적 방침보다는 실용성을 중시해 중국과의 교류를 시작한 것 등을 들 수 있다. 정작 키신저는 현실정치(레알폴리틱)라는 용어를 쓴 적이 없다고 말한다. 자유주의적 외교정책, 현실주의적 외교정책은 모두 성공적일 수도 있도 비난받을 수도 있다. Kissinger, Henry. "The Limits of Universalism". *New Criterion*. 2012년 6월호.

02 전작인 촘스키 교수에 관한 책은 그가 러-우 전쟁 이후 내놓은 발언들만을 중심으로 정리·분석한 책으로 촘스키의 과거 연구 및 전기는 포함되지 않는다.

는 힘의 균형을 통한 세계 질서, 평화를 유지할 수 있는 세계 질서에 관하여 오랜 시간 연구한 학자로서, 이 책에서는 그의 이론과 논리를 바탕으로 그가 에둘러 한 우크라이나 해법에 관한 발언들을 해석할 것이며, 더 나아가 그의 이론에 따라 향후 해결 방안 및 종전 처리 방안에 대해서도, 포스트 우크라이나 국제 정세에 대해서도 예측해 보고자 한다.

이 책은 키신저의 전기는 아니기에 그의 모든 것을 다루지는 않을 것이지만, 역사의 산 증인으로서, 역사를 움직인 인물로서, 또한 현재를 사는 동시대인으로서 헨리 키신저가 현재 벌어지는 우크라이나 사태에 대해 어떤 시각을 가지고 있는지를 분석하며, 그 시각이 나오게 된 근거를 추적하고 그의 학문적 이력을 살펴보는 가운데, 그의 전기적 행적도 비춰지게 될 것이다. 하지만 궁극적으로 이 책은 그의 발언들과 그의 연구들을 통해 우크라이나 사태를 조명하고자 함에 목적이 있음을 다시금 밝힌다.

이 책의 구성은 첫째, 우크라이나 사태를 바라보는 외교의 달인 키신저의 시각을 살펴볼 것이고, 둘째, 키신저의 연구가 일궈낸 학문적 성과 혹은 역사적 교훈이 우리 현대인에게 전하는 바를 살펴볼 것이며, 셋째, 자신의 학문적 성과를 바탕으로 한 키신저의 외교철학과 실제 그것이 반영된 키신저의 공과도 따져볼 것이다. 그리고, 에필로그를 통해 내용을 정리하고 그의 이론에 근거한 포스트 우크라이나를 상정해 볼 것이다.

이 책의 목적은 우크라이나 사태를 바라보는 키신저의 태도가 타당한가, 그의 발언의 근원은 어디인가, 그의 학문적 연구가 현

시대에 시사하는 점은 무엇인가를 되짚어 보는 것이다. 그의 발언이 옳고 그름을 평가하는 것도 이 책의 목적이 아니다. 그의 발언은 일견 명확한 듯하지만 모호하다. 그의 발언에 대한 해석은 분분할 수 있으며, 필자가 그의 모든 발언에 동조할 수 없듯이 필자의 해석이 모두 옳다고 말할 수 없을 것이다. 하지만, 그가 학자로서 지난 역사를 되새겨 그 안에서 찾아낸 연구 결과는 매우 타당하며 그것이 진정한 세계의 질서, 세계의 평화를 위해 국제정치와 외교가 나아가야 할 바임을 인정하는 바이므로 이를 바탕으로 현재 우리가 처해 있는 러-우 전쟁의 실체와 미국의 외교정책, 포스트 우크라이나에 대처하는 법을 재점검하는 데는 큰 의미가 있다고 하겠다.

    이로써 그의 공과를 차치하고 백전노장으로서 아직까지 날카로운 통찰력으로 전세계적인 이슈에 자신의 영향력을 행사하는 키신저 박사의 한 세기의 삶을 기념하고자 한다.

제1부
헨리 키신저의
우크라이나 해법

01
"러시아를 세계질서 안으로 편입시키라"

- 키신저의 대러시아 외교

2022년 4월 우크라이나 사태가 발발한 지 2개월만에 키예프를 방문한 토니 블링컨 미 국무장관과 로이드 오스틴 미 국방장관은 이구동성으로 '러시아를 약화시켜야 한다'는 구호를 외쳤다. 이들이 내건 구호는 새삼 새로울 것이 없는 슬로건이다. 2차대전 이후 냉전시대로부터 현재에 이르기까지 미국의 대러 외교정책은 '러시아를 약화시키라'였다. 물론 그 당시에는 소련이었다. 하지만 미국의 이 정책은 성공적이었는지 자문해 볼 필요가 있다.

    냉전 기간 동안 군비 경쟁을 포함한 미국과 소련의 줄다리기는 어느 정도 균형을 이루었다고 하여도 과언은 아니다. 하지만 소련의 해체야말로 미국이 거둔 대러시아 외교전략의 승리였다. 브레진스키의 말대로, '아프간 덫'을 놓아 소련의 약화를 불러일으킨 것이 소련 해체에 큰 역할을 했고, 자본주의와 사회주의라는 이념적

대결에서도 소련 해체는 미국 자본주의의 압도적 승리를 보여주었다고 말할 수 있다.

미국이 사회주의의 종식을 외치고 전세계의 민주주의화를 지상최대의 목표로 삼았다면, 소련이 해체되어 냉전이 종식된 후 미국의 대러 정책은 바뀌어야 마땅하다. 하지만 실상은 그렇지 않았다. 러시아를 약화시키려는 정책은 여전히 모든 미국 행정부의 기본 정책 중 하나였으며, 중국과의 경쟁 구도에서도 거대한 영토와 무한한 자원의 나라이자 핵전력이 우세한 러시아는 중국만큼이나 경계 대상국이었다. 존 대니 대서양의회 연구원은 오히려 더 광범위하게 러시아의 힘을 약화시키는 것이 러시아에 대한 새로운 미국 전략의 핵심이 되었어야 한다고 말한다. 그에 따르면 2014년까지의 미국의 대러 정책은 완벽한 실패라는 것이다. 유럽에서의 나토군 일부 철수를 포함해 러시아 경제를 위해 미국이 제공한 일종의 제스처들이 서방과 러시아의 통합을 지양하며, 서방을 위협하려는 의지를 줄이는 탈냉전에 일조하였을지는 모르지만, 미국의 이익을 위협할 수 있는 러시아의 의지를 약화시키지는 못했다는 것이다. 그는 다음과 같이 말한다.

> 냉전에서 크림 반도 사태까지 25년 동안 미국의 정책과 전략은 어디에서 잘못되었는가? 러시아를 적에서 파트너로 바꾸지 못한 것에 대해 서방이 책임을 져야 하는가? 서양과 동양의 일부 전문가들은 나토의 확장, 이라크와 리

비아의 침공, 민주주의 조장을 위한 개혁운동 또는 음모적인 반러시아 로비를 긴장의 주요 원인으로 언급하면서 미국과 동맹국을 비난한다.[01]
"

여기에 매우 중요한 지적이 있다. "러시아를 적이 아닌 파트너로 바꾸지 못한 실책", 이것이야말로 미국 외교정책의 대통령으로 불리는 헨리 키신저 박사가 미국의 대러 정책을 논할 때 해오던 표현이다. 그의 대러 외교 정책에 대한 유화적 생각이 하버드 시절부터 시작된 것은 아니었다. 정치학도로부터 정치학 교수로, 정치인의 연설보좌관으로, 대통령의 외교안보수석으로, 미국의 국무장관으로 외적 성장을 거듭하면서 그의 학창시절 확립되었던 외교철학도 내적 성장을 하게 된다. 2022~23년 러-우 전쟁에 대한 그의 발언 역시 우연한 것이 아니므로 러시아에 대한 입장과 그 배경이 된 학문적 이론을 살펴볼 필요가 있다.

키신저는 1954년 하버드에서 박사학위를 받고 '미국정책의 교착과 예방전쟁The Impasse of American Policy and Preventive War'라는 에세이를 써서 전략 연구 분야에서 독보적인 입지를 세우기 시작한다. 여기에서 그는 첫째, 미국이 스탈린 사후 소련의 평화공세를 잘못 판단했고, 둘째, 미국이 동맹국들을 주도해야 하며, 셋째, 미국은 소련의 침략을 억제하기 위해 국지전을 선택해야 한다고 주장했다.[02] 일개

---

01 Deni, John R. "Yes, the US Should Weaken Russia", *Foreign Policy*, 2022. 5. 4.

02 강성학, 『헨리 키신저』, 124~125쪽

외교학도가 낸 제안에 대해서 아이젠하워 행정부는 들썩이기 시작했고, 키신저가 외교협회$^{Council\ on\ Foreign\ Relations\ 03}$에 들어가게 되는 계기가 되었다. 한편 넬슨 록펠러의 보좌관으로 발탁되는데, 그렇다고 하여 키신저의 외교적 신념의 바로 정치에 반영된 것은 아니었다. 키신저는 당시 핵무기의 사용과 독일문제, 소련과의 심리전 문제 등에 관한 논문들을 쓰며 새로운 외교를 연구했는데, 특히 5년간 심리전을 통한 외교를 중요시했다. 이를테면, 핵무기가 전면전이 아닌 국지전에서도 사용될 수 있다고 명시적으로 인정함으로써 제한 핵전쟁을 통해 소련과의 군비경쟁에서 이겨야 한다고 주장했으나, 소련은 평화적 제스처를 취했다.

> 그가 새 외교라고 부르는 것의 지배적 측면은 그것의 심리적 차원이었다. … 키신저는 미국의 동맹국들이 거의 어떤 대가를 지불해서라도 평화가 전쟁보다는 낫다고 느끼거나 아니면 사건들이 그들의 행동에 의해 영향을 받지 않을 것이라는 가정 하에서 그들의 군사력을 축소할 것이라 주장했다.[04]

---

03 외교협회는 미국 외교 관련 싱크탱크로서 1921년 설립되어 10여 명의 전직 미 국무장관을 포함하여 4900명의 회원을 두고 있다. 약어로 CFR이라 부른다. 외교협회가 발간하는 격월간지 포린 어페어스(Foreign Affairs)는 카네기국제평화기금의 격월간지 포린 폴리시(Foreign Policy)와 더불어 외교 관련 전문지의 양대 산맥으로 불린다.

04 강성학, 같은 책, 139쪽

외적 심리전은 쉽게 수행되지 않았다. 그는 6개월 동안 <포린 어페어>에 두 개의 논문을 게재한다: '핵시대의 무력과 외교Force and Diplomacy in the Nuclear Age', '미국외교에 대한 성찰Reflections on American Diplomacy'. 하지만 미국의 외교정책은 젊은 시절의 키신저처럼 저돌적이지 못했다. 키신저가 전술핵 무기를 통해 소련 진영에 압박을 가하고, 이로써 핵전쟁의 확장을 막아야 한다고 생각했던 반면 아이젠하워 행정부는 좀더 평화적 해결책을 찾고자 했다. 키신저는 동맹국들뿐만 아니라 비동맹국들에 대해서도 미국은 인기가 아니라 존경심 혹은 두려움을 받아야 한다고 주장했다.[05]

1957년 10월 소련이 스푸트니크 위성 발사에 성공하자 전세는 바뀌었다. 위성은 언제든지 미국 내 공격목표에 도달할 수 있는 장거리 미사일을 소련이 생산할 수 있다는 암시였기 때문이었다. 키신저는 핵무기로 제한전쟁을 수행하는 것이 가능하며, 미국은 중동에서 소련의 침략을 억제하기 위해 제한전쟁을 수행할 준비를 해야 한다고 주장했다. 키신저의 주장이 정책에 반영되지는 않았지만, 『핵무기와 외교정책』이라는 저서가 그를 핵무기 시대 안보전략가로 만든 것은 사실이다. 이 두 개의 탁월한 저서가 그를 넬슨 록펠러의 외교자문격으로 만들었고, 이로써 그는 단순히 하버드의 교수가 아닌 정치적 영향력을 가진 폴리페서가 되었다.[06]

---

05 Kissinger, Henry. 'Nuclear Weapons and Foreign Policy', 강성학, 같은 책 143쪽에서 재인용

06 키신저가 생각하기에, 넬슨 록펠러는 갑부의 손자일 뿐 대통령감은 못됐다. 하지만 1964년까지 록펠러와 함께 하며 의리를 지켰다. 키신저는 꾸준히 소련의 기습공격의 위험에 대처하기 위한 미국의 2차 공격능력을 강조했지만, 초기의 제한적 핵 전쟁에 대한 주장은 거부했고, 미국의 재래식 무장 강화를 주장했다. 그는 나토의 정치적 단결을 강화시켜야

이때 1962년 9월 4일 쿠바 미사일 사태가 발생했다. 흐루쇼프는 미국이 쿠바를 공격할 경우, 소련은 베를린을 공격할 것이라 으름장을 놓았다. 즉 미국의 쿠바 봉쇄는 소련의 서베를린 봉쇄를 초래하는 것이다. 케네디의 TV방송을 통한 최후통첩과 튀르키예에 있는 미사일과 쿠바 미사일을 교환하자는 제안이 다행히 먹혀들어가 위기를 모면하게 된다. 하지만 키신저는 이 위기에서 아무런 역할도 못한 채, 62년 39세에 다시 하버드 대학교 정교수로 가게 됐고, 케네디 행정부에 대해서 혹독하게 비판했다. 그가 보기에, 케네디 행정부는 미국과 동맹국들의 사기를 저하시켰고, 베트남에서는 공산주의자들의 공격 규모를 증가시키고 있었으며, 동맹국들에게 미국의 의존성을 약화시키는 '카드로 만든 집'이었다.[07] 케네디는 핵전쟁을 두려워했고 쿠바나 베를린에서 재래식 전쟁을 원치 않았으나, 아이러니하게 베트남에서 재래식 전쟁을 일으켰다. 하지만 케네디의 죽음은 많은 지형 변화를 촉발시킨다.[08]

한다고 주장했다. 결국 그는 민주당인 케네디 행정부 비상근 특별보좌관 자리로 옮겨 일하다 사임했고, 다시 록펠러에게 돌아간다. 하지만 베를린 위기 시 케네디 행정부가 아데나워 수상을 안심시키기 위해 독일에 가달라고 요청했을 때 수락한다. 아데나워는 케네디 행정부에 깊은 불신을 가지고 있었고, 소련의 재래식 무기에 대적할 수 없다고 믿고 있었다.

07   니얼 퍼거슨의 회고록 중. 강성학의 책에서 재인용.

08   케네디는 소련과의 관계에 있어 임기 초 대화를 제안하는 등 유화적 태도를 취하였고, 쿠바 미사일 위기를 극적으로 잘 해결하는 등 반공주의를 주창한 인물은 아니었다. 베트남 전쟁의 시발은 아이젠하워 대통령의 프랑스에 대한 장비, 자금 지원에 있었고, 케네디는 군사고문 1만명을 파견하는 결정을 내렸으나 베트남전에 깊이 개입하기를 꺼려했고 재선이 되면 철수할 계획이었다. 하지만 임기 2년 만에 암살로 인해 사망하면서 부통령이었던 린든 존슨이 대통령이 되었고, 존슨은 베트남전에 적극 개입, 1964년 통킹만 사건 조작까지 벌이면서 지상병력을 대규모로 파병하게 된다.

소련에 대한 키신저의 관심은 당연한 것이었고, 베트남 전쟁 이전 젊은 키신저는 소련과의 핵전쟁 가능성과 핵 군비경쟁에 대한 강한 의식을 가지고 있었다. 당대 양대 공산주의를 이끌고 있는 소련과 중국은 미국의 견제 대상이었다. 소련과 중국을 중심으로 동유럽과 아시아가 도미노 현상에 따라 공산주의화되는 것에 대한 두려움을 가지고 있었던 미국은 민주주의 확산을 위해 노력하였고, 그것은 곧 남미, 아프리카, 중동, 아시아 등 취약한 국가들에 공산주의가 들어서지 않도록 막아야 하는 임무를 떠맡게 된 것이다. 베트남 전쟁의 시발도 다름 아니었다. 호치민의 북베트남 세력이 확장되자 남베트남까지 공산화되는 것을 막기 위해 미국은 물적 지원을 하고, 남베트남 정부를 전복시키는 등 최선의 노력을 다한다. 그것이 큰 효력을 발휘하지 못하자 미군을 투입시키는데, 전쟁은 성과없이 장기화되면서 미국은 곤혹을 겪게 된다.

공산화를 막기 위해 무의미한 전쟁을 벌여 국민 여론이 악화되는 가운데, 닉슨-키신저 정부는 전혀 다른 방향에서 해결책을 도모한다. 그것은 냉전이 한창 진행 중인 상황에서 중국의 문호를 개방시키고 미중 관계를 개선시켜 새로운 국면을 만드는 것이다. 뿐만 아니라 소련과도 물밑 작업을 통해 관계 개선을 꾀했다. 키신저의 미중소 삼각 전략은 그야말로 획기적인 것이었다. 냉전이 과열되는 가운데 이루어진 해빙의 물결은 세계의 평화를 가져오는 듯한 착각을 들게 했다. 1972년 닉슨 대통령의 중국 방문을 기점으로 자유진영과 공산진영은 드디어 왕래가 시작되었는데, 우리는 이를 '데탕트'라 부르며 이 역사적 사건의 주역은 단연코 헨리 키신저이다. 그는 1973년 핵전략에 대한 자신의 이론을 바탕으로 미러 간 SALT 조약을 이끌어냄으로써 데탕트의 주역이 되었다. 그 이후 현재에 이르기까지 키신저는 중국 및 러시아와 좋은 관계를 유지하고 있다.

적어도 키신저의 대러 외교 정책은 '러시아를 약화시키라'는 아니었다고 말할 수 있다. 그가 학자로서 신봉해 온 외교 이론 상에도 미국의 대러 관계 목표는 '미러 관계의 정상화'이며, "미러 관계의 목표는 러시아를 협력의 여지가 있는 세계질서로 통합시키도록 하는 외교를 찾는 것이다."고 말했다.

> 나는 현재의 (미러 관계) 상황을 냉전으로 보지 않습니다. 물론 나는 이 사안을 미국인으로서 보고 있습니다. 나는 미국 정책의 이익과 견해를 지지하지만, 러시아는 거대한 역사를 가진 위대한 국가이며, 나로서는 러시아가 주요 플레이어가 아닌 국제질서를 상상할 수 없습니다. 이것이 우리의 목표입니다. 러시아와 미국은 서로 상호 존중을 보여주고 지속적으로 협력해야 합니다. 이것을 성공적으로 이끌기 위해서는 많은 시간이 필요하겠지만, 우리는 이 목표를 항상 기억해야합니다.[09]

---

09 Гусман, Михаил. "Генри Киссинджер: Россия и США должна проявить взаимоуважение", *Российская Газета*, 2019. 3. 26. 타스 통신의 부대표는 모스크바에서 헨리 키신저와 인터뷰를 가졌다. 이때의 발언이다.

키신저의 대 러시아 정책을 매우 정확하게 보여주는 발언이라고 할 수 있다. 키신저의 이러한 발언을 두고 키신저를 친러주의자로 보는 사람은 없다. 키신저의 유일한 목표이자 정책은 '미국의 국익'이다. '러시아를 약화시키라'는 정책보다는 '러시아를 내 편으로 만들라'는 정책이 미국의 국익에 도움이 된다고 판단한 것이다. 1972년 핑퐁외교를 통해 중국의 문호를 열었음에도 불구하고, 키신저는 닉슨 대통령에게 다음과 같이 말한다.

> 닉슨, 20년 안에 당신의 후계자는, 당신만큼 현명하다면, 중국에 맞서 러시아 쪽으로 방향을 틀게 될 것입니다. 미국은 힘의 균형 게임을 완전히 냉정하게 해야 합니다. 바로 지금 우리는 러시아를 바로잡고 수정하기 위해 중국이 필요한 것입니다.[10]

키신저가 베트남 전쟁의 난항을 뚫고 삼각외교(미중, 미러)를 성공적으로 이루어낸 것은 결코 우연이 아니다. 그가 하버드 시절부터 꿈꾸어왔던 세계질서에 대한 꿈을 이룬 것이 '데탕트'라고 말할 수 있다.

---

10 Pomfret, John. "45 years ago, Kissinger envisioned a 'pivot' to Russa. Will Trump make it happen?", The Washingon Post. 2016. 12. 14.

> "닉슨이 '데탕트'라는 단어를 사용한 적이 없다고 생각한다. 다른 사람들이 사용하던 단어이다. 그리고 나 역시 비평가들이 사용하기 전까지 내가 그 단어를 사용했는지 의식한 적이 없다. 핵심 논쟁은 이것이다. 우리 비평가들은, 러시아가 본질적으로 악한 국가이고 냉전에서 패배해야 하며, 러시아와의 모든 협상은 그들에게 도덕적 동등성을 부여하기 때문에 공격적인 작전에서 그들을 강하게 만든다는 입장을 취해왔다. 따라서 냉전의 절정은 일종의 전반적인 외교적 대결이나 전쟁이 되어야 한다는 것이다. … 우리는 (소련과) 갈등이 발생하면 대응할 준비가 되어 있음을 입증해야 할 의무를 미국 국민과 전 세계 국민에게 가지고 있지만, 만일 갈등이 실제로 발생한다면, 좀더 평화로운 조건을 만들도록 최선의 노력을 할 것이다. 둘째, 소련 체제에 상호 존중을 바탕으로 기꺼이 공존할 수 있는 요소가 있다면 우리는 그들에게 그렇게 할 기회를 줄 것이다. 따라서 우리 정책에는 두 가지 경로가 있다. 기존의 분할선을 넘어서려는 소련의 시도에 단호히 저항하는 동시에 핵전쟁의 위험을 줄이기 위한 우리의 원칙과 양립할 수 있는 정도로 대결을 완화하려는 것이다."

키신저의 소련에 대한 태도는 베트남 전쟁을 겪으면서 바뀌게

---

11 Lord, Winston. *Kissinger on Kissinger*. p.59

된다고 볼 수 있다. 재래식 전쟁의 참상을 또다시 겪으면서 핵군비 경쟁을 통한 세계질서가 아닌 평화를 통한 세계질서를 주창하게 된 것이다. 스스로 데탕트의 주창자가 되면서 그의 세력균형 이론은 평화적 힘의 균형으로 기울게 된다. 결국 소련과 전략무기감축 협상에 이르게 된 것이다.

키신저의 입장은 중국에 대해서도 크게 다르지 않다. 하지만 중국이 미국을 대적할 만한 위치에 올라섰을 때 중국 견제론에 대한 카드로 그는 러시아를 들고 나왔다. 그는 러시아 신봉자가 아니며, 개인적인 관계에 있어서도 중국의 인사들과 더욱 가깝다. 다만 키신저는 국익을 최고로 생각하는 레알폴리틱, 즉 현실주의 정치학의 철저한 실천자일 뿐이다. 소련은 냉전 시대에 미국의 최대 적국이었지만, 소련 해체 이후 더 이상 러시아를 적국으로 보아서는 안된다고 생각했다. 러시아는 미국의 입장에서 중국을 견제할 수 있는 최대의 파트너인 것이다. 러시아는 세계 질서에 있어서 없어서는 안될 주요 강대국이며, 미국과 협력해야 할 국가인 것이다. 그가 냉전시대 공산주의, 특히 소련 봉쇄론이 미국의 기본 정책이었을 당시에도, 데탕트를 이끌어 소련을 미국의 적이 아닌 친구로 만들어야 한다고 주장했던 경위는 차후에 계속 설명될 것이다.

02

"러시아를 중국에 대한 전략적 균형추로 사용하라"

- 미국의 대중 외교에 대한 키신저의 경고

키신저는 국제정치에 정통한 정치인이자 학자이지만, 그 어느 나라보다도 핑퐁외교를 통해 중국 개방을 선도한 인물로서 중국 전문가라 칭할 수 있다. 그가 미국행정부의 대중 외교에 대해 얼마나 많은 조언을 했을지, 그것이 정책에 반영되었을지는 예측할 수 있다. 특히 트럼프 행정부에서 대중 외교를 위해 러시아와 협력해야 한다고 조언했다는 일화는 유명하다.[01] 키신저는 대 중국 압박을 위해 러시아가 중국의 동맹국이 되는 것에 항상 경고했는데, 2022년 우크라이나 사태 이후 스턴 지와의 독점 인터뷰에서 다음과 같이 언급하였다.

---

01 트럼프의 '외교 가정교사'로 주목받았던 키신저는 트럼프가 추진하는 친러시아 정책을 지지했고, 2016년 12월 28일 영국 일간지 '인디펜던트'와 인터뷰에서 "크림반도가 러시아 영토라는 것을 인정하자"며 트럼프의 손을 들어줬다. 이를 두고 블룸버그의 엘리 레이크는 1월 4일 '키신저의 워싱턴이 다시 돌아오고 있다'고 선언했다. 신석호, "다시 불붙은 트럼프의 외교 가정교사 공과(功過) 논쟁", 주간동아. 2017. 1. 13.

> 17세기 초 이후 유럽의 역사를 볼 때, 매 중요한 순간마다 러시아가 등장하고 있음을 알 수 있습니다. 따라서 러시아를 영원한 추방자로 취급하는 것은 유럽에 대한 나의 비전과 양립할 수 없으며, 러시아는 중국의 동맹국이 될 것입니다. 그들이 그렇게 행동한다면 우리는 그것에 저항하고 방지해야 합니다. 이 전쟁이 끝났을 때, 만약 대서양 동맹이 전통적인 목표를 달성하고 러시아가 목표를 달성하지 못한다면, 나토는 유럽이 나폴레옹 전쟁 이후에 했던 것처럼 러시아와 새로운 관계를 맺을 만큼 충분히 강함을 보여줘야 합니다. 그것은 유럽의 역사에 반하는 것이 아닙니다.[02]

키신저는 나폴레옹 전쟁 이후 메테르니히 체제에서 프랑스를 받아들였던 사건을 언급하며, 이번 전쟁이 종식된 후 유럽은 러시아를 받아들여 새로운 관계를 맺고 새로운 유럽체제를 이끌어냄으로써 유럽 평화를 유지해야 할 것을 언급했다. 그는 우크라이나 사태 이후 펼쳐질 수 있는 미중 갈등이 인류의 문명을 파괴할 수 있는 상황으로 보았다. 인류를 파괴할 수 있는 두 초강대국은 미국과 중국이기 때문이다. 이러한 입장 하에서 그는 우크라이나 사태를 바라보고 있다. 그의 시각이 미국의 딥스테이트가 가지고 있는

---

02 Stern magazine exclusive: Gregor Peter Schmitz, Jan Christoph Wiechmann, "Henry Kissinger warns about a New Cold War between the USA and China: … this under present circumstances might destroy civilized life", Hamburg, Germany

생각과 방향은 다를 수 있지만 자신의 오랜 외교철학이 보여주듯 그는 힘의 균형을 통한 평화 유지를 주장하며 유연한 입장을 표명한다.

> 전쟁은 언젠가 끝날 것입니다. 전쟁 후 우크라이나와 러시아의 관계는 재정의되어야 합니다. 러시아는 국제 관계에서 계속해서 중요한 역할을 할 것이기 때문에 전쟁이 끝나면 유럽과 러시아의 관계도 재정의되어야 합니다. 그러나 러시아가 전쟁의 결과로 해체된다면 중앙아시아와 중동에 존재할 혼란은 또 다른 불안 요소가 될 것입니다.[03]

그에 따르면, 미국의 대중 압박을 위해서 러시아와의 협력 관계가 필요하며, 유럽, 중국, 중앙아, 중동 등과의 힘의 균형을 위해 러시아라는 나라는 존속되어야 한다는 것이다. 그에게 있어 전쟁의 발발 원인이나 과정은 중요하지 않다. 전후 이 세계를 어떻게 혼란스럽지 않은 체제로 유지시킬 수 있느냐가 관건이다.

키신저는 2022년 러-우 전쟁이 일어나기 이미 오래 전부터 중국과 러시아에 대한 미국의 정책에 대해서 방향 짓고 있었다. 데탕트를 이끈 인물이니만큼 대중국, 대러시아 관계에서만큼은 매우 투철한 외교 정책 방향을 갖고 있었던 것이다.

---

03 *Ibid.*

> 우리는 러시아가 공산주의 세계의 유일한 대변인이 되는 것을 원하지 않았다. 우리는 그것을 분열시키기를 원했다. 둘째, 우리는 베트남에 대한 지역적 관점이 아닌 글로벌 관점을 가지고 있음을 보여주는 계획에 참여하고 싶었다. 셋째, 우리는 그것이 효과가 있다면 중국과 러시아의 균형을 유지하고자 했다. 그리고 이러한 목표가 너무 중요해서 닉슨이 소련의 불만을 감수하겠다는 용의를 보였다. 우리는 소련이 어떻게 반응할지 몰랐다.[04]

    냉전 시대 미국에게 있어 중국과 러시아(당시 소련)가 같은 공산권으로서 적대적 관계에 있었으나, 러시아가 더 두려운 존재였음에는 말할 나위 없다. 1972년 중국과 먼저 수교를 맺었으나 러시아와도 균형적 관계를 유지하는 것이 중요하다고 보았다. 베트남 전쟁 당시 중국과의 수교와 동시에 소련과 전략무기감축 협상을 이끈 것은 키신저의 가장 탁월한 외교 성과였다.[05] 이것은 힘의 균

---

04 Lord, Winston. *Kissinger on Kissinger*. p.39

05 SALT(Strategic Arms Limitation Talks), '전략무기제한협정'은 데탕트를 이루는 데 큰 역할을 한 협정으로 미국과 소련 사이에 대륙간탄도미사일(ICBM), 잠수함발사탄도미사일(SLBM), 장거리폭격기 등 전략무기의 수량 제한을 목적으로 맺어진 협정이다. 이러한 전략무기는 근본적으로 핵무기를 지칭하는 것으로 제2차 세계대전 후 냉전 시대 핵군비 경쟁이 절정에 치달은 60년대 말, 특히 베트남 전쟁으로 국민여론이 악화된 시점에 미국은 새로운 활로를 찾고자 했고, 중소 관계 불화를 이용하여 각각 미중 관계 개선과 미소 관계 개선을 시도하면서 미소 양국간 전략무기제한 교섭을 시작한 것이다. 핵전력은 미국이 선두주자였으나, 68년 경 미소 핵전력이 동등하게 되자, 69년에 SALT 1차회담을 시작하여 72년 닉슨대통령의 소련 방문 때 두 가지 협정을 체결한다. 하나는 방어용 전략무기(ABM, Anti-Ballistic Missile) 규제 협정이고, 또 하나는 공격용 전략무기 수량제한 잠정

형을 통한 세계 질서라는 자신의 외교 원칙에도 부합했을 뿐만 아니라 전쟁의 장기화로 지친 미국민에게 세계 평화에 대한 비전을 제시하는 쾌거였기 때문이다.

> 나는 중국과 미국이 소련을 위협하는 상대편에서 균형추를 보았다고 말하는 것이 옳다고 믿습니다. 우리는 러시아인과 소련인을 위한 추가 계산 요소를 도입하기 위해 당시에는 관계가 없었던 중국에 문을 열었습니다. 또한 이것은 우리 국민들에게 베트남 전쟁과 국내 분열의 시기 동안에도 정부가 배제된 요소를 포함하는 평화로운 세계에 대한 비전을 가지고 있다는 희망을 주기 위한 것이었습니다.[06]

키신저는 중국이 세계 제2위국으로 부상한 현 시점에서도 함께 중국을 공격할 동맹국을 찾지 말라고 충고한다. 미국이 해야할 일은 서로 싸울 동맹이 필요한 것이 아니라 서로를 함께 협력할 파트너로 보아야 한다는 것이다. 하물며 러시아를 자극하여 중국과

협정이다. 데탕트를 이끈 키신저의 큰 업적 중의 하나인 제1차 SALT 협정문을 부록에 전문 싣는다. **[부록 4]**

[06] Roy, Staplton. "The Key of Our Tims: A Conversation with H. Kissinger on Sino-U.S Relations", Wilsoncenter. 2018. 9. 13. 2018년은 윌슨 센터 건립 50주년 및 센터 산하 미중 관계를 연구하는 키신저연구소 설립 10주년을 맞는 해로서 키신저 초청 강연 및 로이 스테플턴 대사와의 대담이 있었다.

동맹관계를 맺게 하고, 미국과 적대 관계가 형성되는 상황을 만드는 것은 외교전략가 키신저의 입장에서는 옳지 않은 선택인 것이다.

> 나는 중국을 세계 질서 건설의 잠재적 파트너로 봅니다. 물론 그것이 성공하지 못한다면 우리는 갈등의 위치에 있게 되겠지만, 내 생각은 그 상황을 피해야 한다는 필요성에 근거하고 있습니다. 따라서 우리의 문제는 전 세계에서 중국과 대결할 동맹국을 찾는 것이 아닙니다. 우리의 근본적인 문제는 우리 모두와 관련된 몇 가지 문제에 대한 해결책을 찾는 것이어야 합니다. … 우리가 협력해야 할 나라에 대적하는 추가 우방을 찾으면서 새로운 행정부를 시작하는 접근방식은 올바르지 않습니다. 그리고 그것에 대해 이야기하는 유일한 이유는 그것이 현재 세계에 대해 중요한 것을 보여주기 때문입니다. 즉 중국도 미국도 서로 싸울 동맹이 필요하지 않다는 것 말입니다. 우리에게 필요한 것은 충돌을 제한하기 위해 함께 일해야 한다는 것입니다. 이것이 저의 기본 견해입니다.[07]

키신저는 러-우 전쟁이 진행 중이었던 2022년 5월 7일 파이낸

---

07 *Ibid.*

셜타임즈와의 인터뷰에서 미중 신냉전과 러-우전, 핵전쟁의 가능성 등에 대해 자신의 의견을 피력하였다. 현 러-우전으로 인해 중러 관계가 동맹 관계화된 것에 대해, 이것이 미국의 정책에 반하는 것이 아닌지 에드워드 루스는 질문하였고, 키신저는 이러한 상황을 막아야 한다고 답했다. 키신저에게 있어 중국과 러시아가 동맹 관계가 될 경우 미국 국익에 저해되므로, 러시아와 미국이 나쁜 관계로 들어서는 것은 매우 위험하며, 푸틴 대통령을 지속적으로 자극하거나 모욕하여 벼랑 끝으로 몰고 가는 것은 바람직하지 않다는 의견인 것이다. 그의 외교 이론에 따르면 러시아를 와해시키는 것은 세계 질서와 균형에 있어 도움이 되지 않는다. 인터뷰의 내용은 다음과 같다.

> - 루스: 저는 러중 사이를 떨어뜨려 놓는 것이 미국의 지정학적 이익에 부합한다고 생각합니다. 잘못된 건가요?
> - 키신저: 우크라이나 전쟁이 끝난 후 전 세계적으로 지정학적 상황은 중대한 변화를 겪을 것입니다. 그때 중국과 러시아가 많은 문제에 대해 공통의 이해 관계를 가질 수는 없습니다. … 우크라이나 전쟁 이후 러시아는 최소한 유럽과의 관계와 나토에 대한 태도를 재설정해야 할 것입니다. 나는 두 적대국을 하나로 모아

적대적인 입장을 취하는 것은 현명하지 않다고 생각하며, 일단 유럽과의 관계와 내부 논의에서 이 원칙을 받아들인다면 역사가 우리가 차별적 접근을 적용할 기회를 제공할 것이라고 생각합니다. 그렇다고 두 나라가 모두 서구의 친밀한 친구가 될 것이라는 의미는 아니며, 특정 문제가 발생할 때마다 다른 접근 방식을 선택할 수 있는 여지를 남겨둔다는 의미일 뿐입니다. 앞으로의 시대에 러시아와 중국을 하나의 통합적 요소로 묶어서는 안 됩니다.[08]

키신저는 이미 푸틴과 오랜 인연을 가지고 있으며, 중국과 러시아에 대해 정통한 관료이자 학자라 할 수 있다. 그는 현재 미국이 견제해야 할 대상은 중국이며, 이를 위한 효과적인 외교 정책은 두 나라를 동시에 견제의 대상국으로 삼지 않는 것이라고 말한다. 트럼프 대통령에게 조언했던 것과 같이 '이이제이(以夷制夷)'의 방법을 써서 중국의 힘을 키우지 않도록 해야 한다는 것이다. 그는 러시아가 중국과 전략적 동맹 관계로 발전하지는 않으리라는 것도 잘 이해한다.

---

08 Luce, Edward. "We are now living in a totally new era", interview with H.Kissinger. *Financial Times*, 2022. 5. 9.

> - 루스: 당신은 푸틴을 20~25번 만났습니다. 러시아의 군사 핵 독트린은, 러시아 정권이 실존적 위협을 받고 있다고 느낄 때 핵무기로 대응할 수 있다는 것입니다. 이런 상황에서 푸틴의 레드라인은 어디에 있다고 보십니까?
>
> - 키신저: 저는 푸틴을 1년에 한 번 정도, 대략 15년 동안 순수 학문적인 전략적 토론을 위해 만났습니다. 나는 그의 기본적인 신념이 일종의 러시아 역사에 대한 신비주의적 신념이라고 생각했습니다... 그런 의미에서 그는 처음에 특별한 어떤 것 때문이 아니라 유럽과 러시아 사이에 벌어진 이 거대한 격차 때문에 모욕당했다고 생각했습니다. 그는 이 전체 지역을 나토가 흡수한다는 위협 때문에 모욕당하고 위협을 받았습니다. 하지만 이것은 변명이 될 수 없고, 나는 자주적 국가를 대규모로 공격하리라 예상하지 못했습니다. 나는 그가 국제적으로 직면한 상황을 잘못 계산했다고 생각합니다.[09]

키신저는 이 인터뷰에서 중국은 현재 푸틴이 처한 상황에서 어

---

09 *Ibid*.

떠한 역할도 하지 않으려고 노력하고 있을 것이라 예측했다.

> - 루스: 당신은 (중국 주석) 시진핑과 그의 전임자를 여러 번 만났습니다. 당신은 중국을 잘 알고 있습니다. 중국은 이를 통해 어떤 교훈을 얻고 있습니까?
> - 키신저: 나는 지금 어떤 중국 지도자라도 푸틴이 처한 상황에 빠지는 것을 피하는 방법과 발생할 수 있는 위기 상황에서 중요한 역할을 하지 않기 위해 숙고할 것이라고 생각합니다.[10]

키신저는 미중 수교를 이끈 인물로서 중국에서는 아직도 각별한 대우를 받는다. 또한 친중 인사로 분류되어 현재 미국의 대중 정책과 대립 양상으로 그려지기도 한다. 하지만 그의 친중 편력도 자국의 이익을 위한 것으로 강성해지고 있는 중국을 견제해야 함을 인식하고 있다. 키신저는 이미 소련이 와해되고 중국이 부상할 때부터 실리적 레알폴리틱의 입장에서 중국 견제용 대러 관계를 설정, 각 행정부에 조언했다. 미국은 강한 두 적을 상대해서는 안 되는 것이다. 중국을 견제하기 위해 러시아를 친구로 삼아야 하는 것은 그의 균형 외교 전략에서 매우 중요한 부분이었고, 따라서 우

---

10 *Ibid.*

크라이나 사태에 대해서 미국책임론을 주장하지는 않지만, 명백한 대리전이 장기화되고 있는 점에 대해서는 상당한 우려를 표하고 있다.

03
"나토의 실수는 러시아의 정체성에 도전했다는 것이다"

– 우크라이나와 나토에 관한 키신저의 견해

키신저가 오랫동안 우크라이나의 나토 가입에 반대해 왔다는 것은 주지의 사실이다. 키신저는 오랫동안 나토의 동진에 대해 우려를 표명해 왔으며, 러시아와 나토 사이에 비군사적 중립지역, 즉 완충지대$^{\text{buffer state}}$가 필요함을 언급해 왔다. 그렇기에 키신저의 입장에서, 우크라이나는 완충지대가 되어야 하며, 중립국이 되어야 하는 것이다. 그것은 강대국 간의 질서와 균형을 유지하기 위해 불가피한 것이다.

> 우리가 러시아를 강대국으로 진지하게 대한다면, 우리는 그들의 우려가 우리의 필요성과 조화를 이룰 수 있도록 초기 단계에서 결정해야 합니다. 우리는 러시아와 나토 국

> 경의 영토에 대해 비군사적 상태를 유지할 수 있는 가능성을 탐구해야 합니다.[01]

나토가 확장을 하면서 러시아의 불안을 고조시키는 것에 키신저는 매우 큰 우려를 나타냈다. 존 미어샤이머 교수가 언급한대로, 나토의 동진은 러시아에게 있어 '실존적 위협'이며, 키신저 박사 역시 나토가 러시아에 행하고 있는 것은 실수라고 표현했다.

> 나토가 저지른 실수는 유라시아를 가로질러 행진하는 것이 일종의 역사적 진화라고 생각하고 있다는 점이며, 그 행진 중 어디선가 베스트팔렌의 본질과는 사뭇 다른 것과 마주치게 될 것이라는 점을 이해하지 못하고 있습니다. 이것은 러시아의 정체성에 대해 도전한 것입니다.[02]

---

01 Heilbrunn, Jacob. "The Interview: Henry Kissinger". *The National Interest*. 2015. 8. 13. 내셔널 인터레스트 지는 창간 50주년을 맞아 키신저와 인터뷰를 진행했다.

02 Luce Edware. "Henry Kissinger: We are in a very, very grave period". *Financial Times*. 2018. 7. 20. 에드워드 루체는 점심시간을 활용해 식사를 하며 키신저와 인터뷰를 진행했다. 이 인터뷰에서 키신저는 나토의 동진을 베스트팔렌 조약과 비교하는데, 30년전쟁 이후 1648년 이루어진 평화협상에서 베스트팔렌조약은 기존 유럽의 질서를 무너뜨리고 여러 중유럽 국가들이 독립을 획득하고 주권국이 되어 새로운 체제를 가져온 것에 반해, 나토가 유라시아 방향으로 동진하는 것은 구소련 국가들에 대한 러시아 영향력을 약화시키려는 의도 및 러시아 내부의 분열을 노골적으로 드러내며 러시아를 도발하는 것이지만 쉽게 분열되지 않을 것임을 말하고 있다. 러시아를 약화시켜 러시아 연방을 해체시키려는 의도에 반기를 든 것으로 볼 수 있다.

이에 더해 미국을 포함한 서방이 중립국으로서 완충지대로 남아있어야 할 우크라이나를 나토에 가입시키려는 시도에 대해서도 키신저는 우려를 표명했다. 그 이유는 역사적으로 우크라이나가 러시아의 영토였다는 점과 우크라이나의 나토 가입 시도가 불러일으킨 문제들이 세계 질서의 균형을 파괴하고 있기 때문이다. 특히 2014년 우크라이나의 내전, 돈바스 지역에서 벌어지고 있는 사태가 러시아와 서방을 균열시킬 것이라고 말한 바 있다.

> 우크라이나의 한 쪽이 다른 쪽을 지배하려는 모든 시도는—그동안 그래왔던 것처럼—결국 내전이나 분열로 이어질 것이다. 우크라이나를 동서 대결의 일부로 취급하는 것은 수십 년 동안 러시아와 서방, 특히 러시아와 유럽을 협력적인 국제 체제로 끌어들일 가능성을 무산시킬 것이다.[03]

상기 인용문에서 볼 수 있는 것처럼 키신저는 러시아와 유럽이 협력 체제에 있어야 한다고 본다. 러시아와 유럽을 적대시하게 만드는 우크라이나의 나토 가입은 실로 위험천만한 일인 것이다. 유라시아 대륙의 평화를 위해서 우크라이나는 중립국이 되어 완충국 역할을 하는 것이 좋은데, 우크라이나가 유럽에도 러시아에도 편

---

03 Kissinger H. "To settle the Ukraine crisis, start at the end". *The Washington Post*. 2014. 3. 5.

입되지 않는 것이 그의 외교 이론에는 가장 적합한 것이다.

> 역사적으로 러시아의 경우 우크라이나는 적어도 400년 동안 러시아 영토의 일부였습니다. 다른 측면에서 우크라이나가 유럽과 많은 면에서 연결되어 있는 것도 사실입니다. 개인적으로, 소수의 견해일지 모르지만, 나는 우크라이나를 나토에 포함시키려는 것이 현명하지 않다고 생각해 왔습니다. 하지만 우크라이나가 러시아의 위성국으로 존재하게 하는 것도 역시 불가능한 일입니다.04

그는 2014년 유로마이단 사태 이후 우크라이나 문제가 부각되자, 러시아에 대한 언급을 더욱 빈번하게 하며 러시아를 적이 아닌 '글로벌 균형을 위한 필수요소'로서 일종의 파트너로 강조했다. 크림 반도 합병으로 러시아와 푸틴의 악마화가 진행되었던 그 당시에도 키신저는 끊임없이 국제사회에서 서방세계가 러시아를 배제시키려는 시도를 막으려 노력했다.

> 서방에게 블라디미르 푸틴의 악마화는 정책이 아니다.

04　2018년 1월 25일 미상원 군사위원회 청문회 자료 참고. 베트남 전쟁 관련 키신저가 출석했다. 영상자료는 미상원 군사위원회 사이트에 있다.

> 정책 부재에 대한 알리바이다.⁰⁵

> 신흥 다극 질서에서 러시아는 주로 미국에 대한 위협이 아니라 새로운 글로벌 균형의 필수요소로 인식되어야 합니다.⁰⁶

'우크라이나를 활용하여 러시아를 약화시키라'는 미국의 뿌리 깊은 대러 정책에 대해 키신저 박사는 러시아에 대한 우호적인 입장을 감추지 않는다. 물론 러시아와 같은 대국을 국제사회에서 배제시킨다는 것은 키신저 박사의 외교 이론에 부합하지 않는 것이다.

> 내가 보기에 러시아는 강한 나라가 아니다. 러시아는 대규모 군사 조직과 매우 단호한 지도력을 가진 약한 국가이다. … 그리고 러시아는 역사적으로 러시아 자신과 세계에 이중의 도전을 제시했다. … 러시아가 약하기 때문에 경제제재는 물론 정상적인 무기가 될 수 있다. 아무도 러시아

---

05 Kissinger, H. "To Settle the Ukraine Crisis, Start at the End", *The Washington Post*. 2014. 3. 5.
06 RM Staffs. "Kissinger on Russia: Insights and Recommendations", *Russian Matters*. 2019. 7. 22.에서 재인용. 키신저가 2016년 모스크바에서 연설한 내용이다.

가 일방적인 결정으로 우크라이나의 형태를 바꿀 권리가 있다는 개념을 받아들일 수는 없다. 그러나 우리가 해야할 노력은 러시아를 해체시키는 것이 아니라 어떤 방식으로든 러시아를 시스템에 남아있도록 하는 것이다. 나는 제재에 동의하기는 하지만, 그러나 동시에 러시아를 국가 공동체 개념으로 되돌리거나 심지어 미국과의 상호협력 관계로 되돌리는 방법을 생각하고 있다.[07]

키신저는 소비에트 해체 이후, 러시아가 정치적으로, 경제적으로 약화되었다는 것을 알고 있다. 그것은 푸틴 자신도 잘 알고 있다. "소비에트 붕괴는 21세기 최대의 재앙이다"라고 표현한 푸틴 대통령은 소비에트 시절에 대한 향수를 노래하고 있는 것이 아니라 현실을 냉혹하게 직시하고 있음을 보여주고 있다. 이성적이고 냉철하지만 러시아 역사에 대해 고뇌하는 푸틴을 키신저는 도스토옙스키에 비유한다. 또한 워싱턴포스트 지에서 그는 "푸틴은 러시아 역사를 전제로 한 진지한 전략가"라고 언급한 바 있다.[08]

" 푸틴이 2012년 대통령직을 연임하게 되었을 때 재집권은 불가피하게 불안정했습니다. 푸틴을 이해하려면 히틀

---

07 미상원 군사위원회 청문회 자료, 2018년 1월 25일

08 Kissinger, H. "To Settle the Ukraine Crisis, Start at the End", *The Washington Post*. 2014. 3. 5.

러의 『나의 투쟁』이 아니라 도스토옙스키를 읽어야 합니다. 그는 러시아가 예전보다 훨씬 약해졌다는 것을 알고 있습니다. 실제로 미국보다 훨씬 약합니다. 그는 수세기 동안 제국의 위대함으로 스스로를 정의한 국가 수장이었지만, 실상은 소련의 붕괴로 300년의 제국 역사를 잃어버린 국가 수장인 것입니다. 러시아는 각 국경에서 전략적으로 위협을 받고 있습니다. 인구학적으로 열등한 중국 국경에서, 급진 이슬람의 형태로 나타나는 이데올로기적 악몽에 시달리는 긴 남쪽 국경에서, 그리고 모스크바가 역사적인 도전으로 간주하는 유럽에 의해 서쪽으로부터 위협받고 있습니다. 하지만 러시아는 미국적 시스템에서 열등한 국가가 아니라 미국과 대등한 강대국으로 인정받을 수 있는 방법을 모색하고 있습니다.[09]

여러 위협 중 서유럽의 위협을 가장 심각하게 느끼고 있으므로, 키신저는 우크라이나가 나토와 러시아 사이의 전초기지가 아니라 교량과 같은 역할을 해야 한다고 믿는다. 그러기 위해서 우크라이나는 중립국이 되어야 한다.

---

09 Goldberg, Jeffrey. "World Chaos And Word Order: Conversations with Henry Kissinger", *The Atlantic*, 2016. 11. 10.

우크라이나는 나토와 러시아의 전초기지가 아니라 나토와 러시아 사이의 교량으로 인식되어야 한다. 러시아는 우크라이나를 위성국으로 만들려는 생각을 버림으로써 이에 기여할 수 있다. 미국과 유럽 역시 우크라이나를 서방 안보 체제의 연장선으로 만들려는 노력을 포기해야 한다. 그 결과 국제 체제에서 우크라이나의 역할은 오스트리아나 핀란드와 유사하며 유럽과 러시아를 포함하여 자체적인 경제 및 정치적 관계를 자유롭게 수행할 수 있지만 군사 또는 안보 동맹에는 참여하지 않는 국가가 될 수 있다.[10]

키신저는 2014년 유로마이단 혁명 이후 러시아의 크림 반도 병합과 돈바스 내전을 전후하여 워싱턴포스트 지에 기고문을 발표하였고, 각국 지도자들이 모든 면의 가치 및 안보 이익과 양립할 수 있는 우크라이나 해법을 다음과 같이 제시한 바 있다. 이를 통해 그는 우크라이나와 러시아에 긍정적 화해의 메시지를 보냈다. 얼핏 보면 우크라이나에 우호적 발언으로 보이지만, 마지막 크림 반도 관련해서 그는 '국제참관인이 참석한 가운데 선거'를 다시 시행할 것을 요구한다. 그 결과는 동일할 것이므로, 크림 반도에 대한 러시

---

10 *Ibid.* 키신저는 이와 동일한 맥락의 발언을 꾸준히 하였다. 이미 2014년 워싱턴포스트 기고문에서 "우크라이나 문제는 너무 자주 막판대결로 치부된다. … 그러나 우크라이나가 생존하고 번영하려면 어느 한쪽의 전초기지가 아니라 서로를 잇는 다리 역할을 해야 한다."로 주장한 바 있다. Kissinger. H. "To settle the Ukraine crisis, start at the end", *The Washington Post.* 2014. 3. 5.

아의 주권을 인정한 셈이다. 선거의 결과 우크라이나가 승리할 경우 러시아는 크림 반도에 대한 우크라이나의 주권을 인정해야 한다는 매우 원칙적인 말을 하고 있다. 다음이 2014년 키신저가 내놓은 우크라이나 해법이다.

1. 우크라이나는 유럽을 포함하여 경제 및 정치 연합을 자유롭게 선택할 권리가 있어야 한다.
2. 우크라이나는 나토에 가입해서는 안된다. 이것은 내가 7년 전에 이미 마지막으로 제기한 입장이다.
3. 우크라이나는 국민의 의사에 따라 정부를 자유롭게 구성할 수 있어야 한다. 현명한 우크라이나 지도자들은 그런 다음 국가의 여러 지역 간의 화해 정책을 선택할 수 있다. 국제적으로는 핀란드와 같은 자세를 취해야 한다. 그 나라는 완벽한 독립국이지만, 대부분의 분야에서 서방과 협력하는 동시에 러시아에 대한 제도적 적대감은 조심스럽게 피하고 있다.
4. 러시아가 크림 반도를 병합하는 것은 기존 세계 질서의 규칙과 양립할 수 없다. 그러나 크림과 우크라이나의 관계를 덜 낫처하게 설정하는 것이 가능해야 한다. 결국 러시아는 크림 반도에 대한 우크라이나의 주권을 인정하게 될 것이다. 우크라이나는 국제 참관인이 참석한 가운데 선거를 실시해야 하며

이로써 크림 반도의 자치를 강화해야 한다. 이 과정에는 세바스토폴에서 흑해 함대의 상태에 대한 모든 모호성을 제거하는 것이 포함된다."

이 내용을 보면, 키신저가 우크라이나의 중립화(핀란드화)를 주장하고 있으며, 나토 가입에는 반대하고 있음을 알 수 있다. 이 기고문은 크림 반도 병합이 있기 직전에 쓰여졌는데, 그는 크림 반도 병합에 반대하고 있음을 천명하고 있다. 하지만 크림 반도에 대한 우크라이나 주권을 인정받기 위해서는 선거를 통한 자치권을 강화해야 한다고 말한다.

이 기고문에서 키신저는 우크라이나에는 "우크라이나가 생존하고 번영하려면 동쪽에 합류하거나 서쪽에 합류할 것이 아니라 서로를 잇는 다리 역할(중재국)을 해야한다"고, 러시아에는 "우크라이나를 다시 위성국으로 만들려는 시도는 모스크바, 유럽, 미국과의 상호 압박의 역사를 반복하게 한다"고, 서방에는 "러시아와 우크라이나가 단순히 외국의 관계가 아니며, 우크라이나는 러시아 역사의 발원지이자 수세기 동안 러시아의 일부였음을 이해해야한다"고 충고한다. 그러면서 동시에 우크라이나 자체의 문제점을 지적하고 있다.

---

11 Henry A. Kissinger. "Henry Kissinger: To settle the Ukraine crisis, start at the end". *The Washington Post*. 2014. 3. 5.

" 우크라이나인들은 복잡한 역사와 다국어 구성을 가진 나라에 살고 있다. 서부는 1939년 스탈린과 히틀러가 전리품을 분할하면서 소련에 편입되었다. 인구의 60%가 러시아인인 크림 반도는 1954년에 우크라이나의 일부가 되었다. 당시 우크라이나 태생인 니키타 흐루쇼프는 러시아가 코사크와 맺은 협정 300주년 기념 행사의 일환으로 이를 우크라이나에 수여했다. 우크라이나 서부는 대부분 가톨릭을, 동부는 주로 러시아 정교회를 믿으며, 서부는 우크라이나어를, 동부는 대부분 러시아어를 사용한다. 우크라이나의 한쪽 날개가 다른 쪽 날개를 지배하려는 모든 시도(패턴이 그러하듯이)는 결국 내전 또는 분열로 이어질 수 있다. 우크라이나를 동서 대립의 일부로 취급하는 것은 수십 년 동안 러시아와 서방, 특히 러시아와 유럽을 협력적인 국제 체제로 끌어들이는 그간의 전망을 흐트러지게 할 수 있다. … 우크라이나는 독립한 지 23년 밖에 되지 않았다. 우크라이나는 이전에 14세기 이래로 일종의 외세 통치 하에 있었다. 당연하게도 그 지도자들은 타협의 기술, 심지어 역사적 관점에 대해서도 배우지 않았다. 독립 이후 우크라이나의 정치는 문제의 뿌리가 우크라이나 정치인들이 처음에는 한 파벌, 그 다음에는 다른 파벌이 저항하는 지역에 자신의 의지를 강요하려는 노력에 있다. 이것이 빅토르 야누코비치와 그의 주요 정치적 라이벌인 율리아 티모셴코 사이의 갈등의 본질이다. 그들은 우크라이나의 두

> 날개를 대표하며 권력을 공유할 의사가 없다. 우크라이나에 대한 미국의 현명한 정책은 국가의 두 날개가 서로 협력하는 방법을 찾는 것이다. 우리는 한 측에 의한 지배가 아니라 양측의 화해를 추구해야 한다. … 하지만 러시아와 서방, 그리고 우크라이나의 다양한 파벌들 중 최소한 몇 개라도 이 원칙에 따라 행동하지 않았다. 각각 상황을 악화시켰다. 러시아는 이미 많은 국경이 위태로운 상황에서 스스로를 고립시키지 않고는 군사적 해결책을 강구할 수 없을 것이다.[12]

키신저는 2014년 9월 돈바스 내전이 한창 진행 중일 때, 『세계질서World Order』라는 책을 출간했고, 이와 관련해 방송 Face the Nation에 출연해 우크라이나의 중립화, 즉 우크라이나가 서방과 러시아의 완충지대가 되어야 함을 푸틴에게 설득해야 한다고 주장한다. 이때 미국의 정책은 러시아를 궁지에 몰지 않고 국제체제에 합류할 수 있도록 해야 한다고 언급한다.

> - 앵커: 그가 말하는 문제는 푸틴에게 우크라이나가 어느 쪽의 전초 기지가 되는 것보다 양국 사이

---

12 Henry A. Kissinger. "Henry Kissinger: To settle the Ukraine crisis, start at the end". *The Washington Post*. 2014. 3. 5.

에 다리가 되는 것이 더 낫다고 설득하는 것입니다.

- 키신저: 우리는 서방을 약하게 만들지 않는 결과가 필요하고 러시아는 굴욕적인 것처럼 보이지 않는 결과가 필요합니다. 러시아가 완전히 버림받았다고 느끼는 위치에 놓이기보다는 국제 체제에 합류할 가능성을 열어두어야 합니다.[13]

상기 발언은 러시아의 주장과 다르지 않다. 러시아 역시 우크라이나가 유럽연합에 가입하는 것에 대해 찬성했고, 나토 가입에 대해서만 반대했다. 키신저가 언급한 '핀란드화'는 중립화의 다른 명칭으로 러시아가 가장 바라고 있는 바이다. 키신저는, 우크라이나가 중립국이 되어야 하는 이유도 명백하게 제시하고 있다. 즉 독립국임을 의심할 필요 없이 독립국이며, 서방과 자유로이 협력하면서 러시아와도 적대적이지 않기 때문이다. 이것이야말로 우크라이나가 선택할 수 있는 최상의 방안이다. 크림 반도에 대한 의견은 항상 모호하게 말하지만 선거 결과에 따라야 한다는 점에서 러시아의 입장과 다르지 않다.

2014년 벌어진 우크라이나 위기에 대한 원인을 분석하는 데도

---

13 방송 Face the Nation 2014년 9월 8일자. 유튜브 동영상 "Henry Kissinger discusses ISIS, Ukraine, and Russia." 02:24 참고

매우 객관적이거나 러시아를 원인으로 지목하지 않는다. 그렇다고 미국 책임론을 들고 나오지도 않았다. 오히려 미국이 더욱 적극적으로 우크라이나 문제를 세계적 관점에서 국제질서에 도움이 되는 방식으로 해결해야 한다고 역설한다. 키신저 박사가 분석하는 우크라이나 위기의 원인을 살펴보자.

> 우리는 우크라이나 위기가 어떻게 발생했는지 분석해야 한다. 푸틴이 러시아를 서구 문명의 일부로 묘사한 (소치 동계올림픽) 폐막식 다음 주에 군사적 위기를 조성하기 위해 여름 휴양지를 동계 올림픽 마을로 바꾸는 데 600억 유로를 쓴다는 것은 말도 되지 않는다… 2013년 11월 말에 나는 푸틴을 만났다. 그는 많은 문제를 제기했다: 그가 경제적 문제로 언급한 우크라이나에 대해서는 종국에 러시아가 관세와 유가를 통해 처리할 수 있을 것이라고 했다. (우크라이나 사태의) 첫 번째 실수는 유럽연합의 부주의한 행동이었다. 유럽연합은 그들 자신의 조건들이 무엇을 암시하는지 이해하지 못한 것이다. 우크라이나 국내 정치는 야누코비치가 유럽연합의 조건을 수락하고 재선되는 것을 불가능하게 만들었고, 러시아도 이를 순전히 경제적인 것으로만 볼 수는 없었다. 그래서 우크라이나 대통령은 유럽연합의 조건을 거부했다. 유럽인들은 당황했고 푸틴은 과신하게 되었다. 푸틴은 그간의 교착 상태를 지금까

지의 자신의 장기 목표 실행을 위한 좋은 기회로 인식했
다. 그는 우크라이나를 유라시아 연합에 가입시키기 위해
150억 달러를 제안했다. 이 모든 것에서 미국은 수동적이
었다.[14]"

키신저의 상기 발언은 유로마이단 혁명이 왜 발생했는지에 대해 유럽연합에 책임을 묻고 있다. 경제위기에 빠진 우크라이나를 회생시키기 위해 친러 성향의 야누코비치 대통령은 2010년 8월 IMF로부터 구제금융을 제공받기로 했으나, 우크라이나가 이행조건을 어김으로써 20억 달러를 두 차례 받은 것을 마지막으로 더 이상 지원받지 못했다. 경제상황이 악화된 2013년 유럽연합과 러시아가 차관을 제시했는데, 러시아는 150억 달러의 차관을, 유럽연합은 200억 달러의 차관을 제안했다. 유럽연합의 지원안은 차관액이 높은 만큼 강도 높은 개혁을 선행 조건으로 내걸었다는 것이 문제였다. 반면 러시아의 지원에는 어떤 선행조건도 없었으나, 유라시아 경제연합에 편입시키려는 의도가 있었기 때문에 야누코비치 정권은 쉽사리 결정하지 못했다. 어떠한 결정도 의회나 국민을 만족시킬 수 없는 것이었다. 당시 우크라이나는 친러 세력과 친서방 세력이 팽팽히 맞서고 있었기 때문이다. 야누코비치 대통령이 아무리 친러 경향이라 하더라도 유라시아 경제연합에 가입하는 것은 러시아에 완전히 경제적으로 종속될 수 있기 때문에 비난의 소

---

14 Heilbrunn, Jacob. "The Interview: Henry Kissinger", *The National Interest*. 2015. 8. 19

지가 많았던 것이다. 하지만 결국 야누코비치는 러시아의 지원을 받기로 하면서 이에 반대하는 유로마이단 혁명이 촉발되었다.

키신저는 이러한 상황에서 유럽연합이 강도 높은 개혁 조건을 내걸지 않았다면, 우크라이나는 유럽연합의 차관을 받았을 것이고, 유로마이단 혁명도 유혈사태도 없이 친서방국가가 되어 중립국이 되었을 수 있다고 생각한다. 러시아가 항시 레드라인으로 생각한 우크라이나가 경제적, 정치적 평화를 찾았다면 유럽의 평화가 유지될 수 있었을 것이라고 판단한 것이다. 안타깝게도 2014년의 유로마이단 사태와 러시아의 크림 반도 복속, 이후 돈바스 지역을 중심으로 한 내전은 우크라이나 비극의 전초전이었다.

키신저는 나토주의자임에도 불구하고 러-우 전쟁의 촉발에 있어 나토와 유럽연합의 실수를 크게 지적하고 있다. 또한 러시아와 유럽 간의 평화를 위해 우크라이나가 중립국이 되어야 함을 오래전부터 주장해왔다. 그는 노련한 외교관답게 국제정세를 매우 날카롭게 꿰뚫고 있었다고 볼 수 있다. 또한 러시아와 우크라이나의 역사적 관계도 매우 정확하게 파악하고 있음을 알 수 있다. 우크라이나 사태가 시작되고 나서 문제가 된 그의 다보스 포럼 발언은 자신의 역사적 관점과 외교철학에서 비롯된 것임을 알 수 있게 하는 대목이다.

04

"우크라이나는 평화를 위해 영토를 양보하라" vs "우크라이나는 나토에 가입하라"

- 우크라이나 사태에 대한 키신저의 해법

키신저는 2022년 5월 23일 스위스 다보스에서 열린 세계경제포럼(다보스포럼)에 화상으로 참석하여 많은 논란과 파장을 일으키는 발언을 한다. 그것은 서방과 미국에 대한 경고로서 우크라이나에서 러시아에게 패배를 당하지 않도록 해야 하며 이것은 유럽의 장기적 안정을 악화시킬 수 있다는 것이다. 또한 빨리 협상을 시작해야 한다고 촉구했다.

"협상은 쉽게 극복할 수 없는 격변과 긴장이 조성되기 전에 조속히 두 달 안에 시작되어야 합니다. 이상적으로는 분단선이 현상 유지로 돌아가야 합니다."라고 데일리 텔레그래프에 따르면 키신저(98세)는 말했습니다. "그 이상으로 전쟁을 추구하는 것은 우크라이나의 자유에 관한 것이 아니라 러시아 자체에 대한 새로운 전쟁이 될 것입니다."[01]

많은 파장을 일으킨 발언은 분단선이 현상 유지 이전으로 돌아가야 한다는 것으로 "러시아가 공식적으로 통제했던 크림 반도, 비공식으로 통제했던 우크라이나 최동단의 두 지역인 루한스크와 도네츠크의 통제상황을 복원하는 것"[02]을 의미한다. 즉 전쟁을 종식시키기 위해서 우크라이나는 영토의 일부를 포기하라는 것이다.

다보스 포럼에서는 이에 맞서 91세의 조지 소로스가 직접 참석하여 "블라디미르 푸틴의 러시아에 맞서 승리하는 것만이 '문명을 구하는' 필수적인 것이라고 경고하며, 서방은 승리를 위한 우크라이나 지원에 앞장서야 한다고 촉구했다."[03] 월스트리트저널은 키신저와 소로스의 상반된 처방을 소개하며, 키신저의 손을 들어주었다. 두 인물 모두 미국의 가치와 이익을 추구하는 인물들이지만, 소로스 식의 해법, 즉 네오콘의 무조건적인 경제원조는 전쟁의 장기화를 초래할 뿐 평화를 보장하지 못한다는 것이다.

---

01 Bella, Timothy. "Kissinger says Ukraine should cede territory to Russia to end war", *The Washington Post*, 2022. 5. 24.

02 *Ibid.*

03 Mead, Walter. "Kissinger vs. Soros on Russian and Ukraine", *WSJ*, 2022. 5. 25.

" 그들의 처방은 매우 다르지만 그들의 인식에는 많은 공통점이 있다. 두 사람은 모두 유럽의 평화수호가 미국의 가치와 이익을 대변하므로 미국 외교 정책의 주요 목표라고 믿는다. 이들 모두 자신들을 서구 문명에서 최고의 수호자로 여긴다. 이들 모두 전쟁을 세계 체제에 대한 중대한 충격으로 보고 장기전의 결과를 두려워한다. 이들 모두 러시아는 궁극적으로 미국 정책의 부차적 문제이며 미중관계의 미래가 장기적으로 훨씬 더 중요하다고 믿는다. … 그들이 동의하지 않는 부분은 그들이 보존하고자 하는 질서와 문명의 본질에 관한 것이다. 바이든 행정부와 마찬가지로 소로스는 세계 정치의 지배적 이슈를 민주주의와 전체주의 사이의 투쟁으로 보고 있다. … 키신저의 입장은 덜 이념적이다. 세상에는 항상 다양한 형태의 정부가 있어 왔고, 앞으로도 그럴 것이다. 미국의 임무는 최소한의 위험과 비용으로 우리와 동맹국의 자유를 보호하는 힘의 균형을 창출하고 방어하는 것이다. 우리는 러시아인과 중국인을 민주주의로 개종시킬 사명이 없으며, 경쟁 강대국도 존중해야 할 권리와 이익이 있음을 인식해야 한다. 키신저가 다보스 청중들에게 말했듯이, 러시아는 유럽 국가 체제에서 중요한 요소이며 앞으로도 그럴 것이고, 평화를 지속시키기 위해 이 불가피한 사실을 인정해야 한다. … 우크라이나는 경제적으로나 군사적으로나 서방의 막대한 도움 없이는 장기전을 벌일 수 없다. 우크라이나가 가진 모든 것을 생존 전쟁에 사용하면 달러화는 어떻게 될까? 의회는 400억 달러 지원 패키지를 통과시킬 준비가 되어 있는가? 많은 유럽연합 경제가 인플레이션과 높은 연료 가격으로 어려움을 겪고 있는 상황에서 유럽연합은 어느 정도의 경제 원조를 제공할 준비가 되어 있는가? 전쟁으로 인해 전 세계적으로 식량 부족과 기근까지 발생하고 정치적 불안정이 이집트와 같은 국가로 확산된다면 서방은 우크라이나를 계속 지원하면서 국제적 대응을 조율할 수 있겠는가?[04] ”

    하지만 키신저는 다보스 포럼의 발언이 문제가 되어 우크라이나 대통령을 비롯하여 많은 의원들이 반발을 하자, 자신이 사용한 '현상 유지 status quo ante' 용어는 돈바스 지역을 포함하지 않으며, 크림반도는 언급하지 않았다고 변명한다. 하지만 '전쟁을 끝내고 평화를 유지하기 위해 영토를 양보하라'는 키신저의 외교적 해법은 매우 키신저다운 해법으로, 평화협상을 통해 전쟁을 빨리 끝내고 힘의 균형에 따른 세계 평화를 유지해야 한다는 종래 키신저 외교이론에 부합하는 것이다.

    키신저의 발언은 미국 내에서 상당한 반향을 일으켰는데, 뉴욕포스트는 우크라이나가 직면한 세 가지 결정적 한계로 현실을 인정해야 한다고 썼다. 즉 첫째, 러시아가 확전하여 핵전쟁을 벌일 수

---

04 Mead, Walter. "Kissinger vs. Soros on Russian and Ukraine", *WSJ*, 2022. 5. 25.

도 있다는 것, 둘째, 우크라이나는 자원이 부족하고, 모든 것을 서방의 지원에 의존하고 있다는 것, 셋째, 우크라이나가 전쟁을 지속할 수 있도록 무기를 지원하는 서방, 특히 미국의 의지가 있는가를 들었다. 뉴욕포스트 역시 키신저와 마찬가지로 "현실적으로 2월 이전의 현상유지가 우크라이나가 바랄 수 있는 최선의 상황으로 보인다"고 강조했다.[05]

키신저 발언 전에도 미국 내의 반전주의자들의 경고는 계속되었는데, 키신저의 제자이자 미국의 원로 국제정치학자인 그레엄 앨리슨 박사도 독일 슈피겔 지 인터뷰에서 "루즈벨트와 처칠이 3천만 명을 죽인 스탈린과 마주 앉았으며, 스탈린보다 더 많은 사람을 죽인 마오쩌둥과 닉슨이 만났다는 사실을 상기해야 한다. 혐오스러운 지도자들이나 극단적 대량학살자들과도 협상하는 것이 국제정치이다. … 푸틴은 합목적적이며, 계산적이며, 목표를 성취하기 위해 자신이 행하는 바를 믿는다는 의미에서 합리적 행위자이다. … 우크라이나 국민들은 엄청난 용기와 결의를 보여주었다. 그들은 미국인들과 유럽인들에 대해 이전에는 없던 도덕적 요구를 갖게 되었다. 우리는 그들이 성공하는 나라를 건설하도록 최대한 지원할 것이다. 그러므로 푸틴이 전쟁을 확대시키지 않고 끝나게만 한다면 엄청난 성공이다."라고 말했다. 미국 보수주의 논객 패트릭 뷰캐넌도 "러시아의 장래를 위해서도 미국과의 제2의 냉전을 벌이는 것보다는 미국과 러시아가 화해하는 게 낫다"라고 주장했다.[06]

---

05 우태영, "100세 키신저가 일으킨 또 다른 우크라이나 전쟁", 주간조선, 2022. 6. 5.

06 앞의 기사에서 재인용

키신저는 1950년대부터 외교를 "핵 재앙의 가능성 속에서 강대국들 사이에 균형을 잡는 행위"로 보았다. 그에게 있어 적대 세력들의 세력 균형을 유지하는 것은 국제 관계의 최우선 과제인 것이다.

> "내 생각에, 균형에는 두 가지 요소가 있습니다. 하나는 반대되는 가치의 합법성을 인정하는 일종의 힘의 균형입니다. 다른 하나는 행동의 균형으로, 전체적 균형에 필요한 자신의 능력과 힘을 행사하는 데에 한계가 있음을 의미합니다. … 우리는 이 전쟁이 어떻게 끝날지 또는 어떤 결과를 가져올지에 대한 생각 없이, 부분적으로 우리가 초래한 러시아 및 중국과의 전쟁 직전에 있습니다. 미국이 닉슨 시대처럼 두 적대국을 관리할 수 있을까요?"[07]

키신저는 2022년 초부터 "미국과 나토의 부주의한 정책이 우크라이나 사태를 촉발했을 수 있다"고 주장해왔다. 그는 나토가 우크라이나에 나토 가입이 가능할 수 있다는 신호를 보낸 것이 실수라고 언급했다. 그의 관점에서, 폴란드는 나토의 논리적 구성원이지만, 우크라이나는 한때 러시아에 부속되었던 영토이며, '일부 우크라이나인'은 그렇게 생각하지 않지만, 러시아인은 우크라이나

---

07 Secor, Luara. "Henry Kissinger Is Worried About Disequilibrium", *WSJ*, 2022. 8. 12.

를 자신의 나라로 간주한다고 말한다. "나는 우크라이나의 완전한 독립을 지지하지만, 우크라이나의 최고의 역할은 핀란드와 같은 것이라고 생각한다."[08]라고 언급함으로써 우크라이나의 중립화, 이로써 서구와 러시아의 완충국 역할을 담당하는 것이 옳다고 믿고 있는 것이다.

키신저는 2022년 7월 이번 전쟁의 가능한 세 가지 결과에 대해 다음과 같이 예측했다:

> 1. 러시아가 우크라이나의 20%와 돈바스의 대부분, 즉 산업 및 농업의 주요 지역, 흑해를 따라 펼쳐진 땅을 정복할 수 있다. 러시아가 승리하고 나토는 결정적인 역할을 못하게 될 것이다.
> 2. 크림 반도를 포함해 이번 전쟁에서 획득한 영토에서 러시아를 몰아내려는 시도가 계속되어 러시아 자체와의 전쟁이 발생할 수 있다.
> 3. 다보스에서 예측한 것처럼, 젤렌스키가 그 제안을 받아들일 경우, 전쟁은 시작된 위치로 돌아오고, 협상을 통해 나머지 문제를 해결할 수 있다.[09]

---

08 Secor, Laura. "Henry Kissinger Is Worried About Disequilibrium", *WSJ*, 2022. 8. 12.

09 Roberts, Andrew. "There Are Three Possible Outcomes to This War: Henry Kissinger Interview" *The Spectator*, 2022. 7. 2.

키신저는 여전히 자신이 다보스에서 주장한 바와 같이 영토 양보에 의한 협상이 이루어져야만 확전을 막을 수 있다는 입장을 고수하고 있었던 것이다. 앤드류 로버츠와의 인터뷰에서 키신저는 바이든 행정부의 대중국 정책에 대해서도 대만 문제가 불러일으킬 수 있는 대립에 우려를 표했다. 실리적 외교를 추구하는 현실주의 정치학자인 키신저가 이와 같은 반응을 보이는 것은 극히 당연하다고 볼 수 있다.

그에게 미국의 대외 정책은 초지일관 중국을 중심으로 하고 있다. 2022년 11월 블룸버그 뉴 이코노미 포럼에 온라인으로 참석한 키신저는 대중, 대러 외교와 관련하여 중국과의 전쟁을 방지하고, 러시아와 관련된 전쟁을 종료하는 것의 중요성을 이야기한다. 러시아와의 전쟁을 끝내기 위해 그는 세 가지 태도가 필요하다고 말한다.

> 전쟁을 끝내려면 세 가지 태도가 필요합니다. 첫째, 분쟁을 끝내기 위한 주요 참전국들의 결정, 둘째, 우크라이나가 전쟁으로부터 독립 국가로서 그리고 실질적으로 전쟁이 시작되었을 때의 국경을 지킨 채 살아남아야 한다는 협정이며, 셋째, 제2차 세계대전 이후 유럽을 공포에 떨게 한 대규모 재래식 군대가 유럽으로 진군해 유럽 내 결정에 영향을 미쳤던 러시아의 역량이 상당히 중단된 새로운 상황을 러시아가 인식할 필요입니다. 동시에 러시아를 유럽

> 시스템과 유럽과의 관계로 끌어들이는 시도를 해야 합니다. 이는 독일과의 제2차 세계 대전이 끝날 때 이루어진 비교 기준입니다. 이를 위해서는 미래에 유럽과 아시아의 다른 구조에 대한 인식이 필요합니다. 그것이 평화 외교의 과제여야 합니다. 그러면 러시아는 상호 존중을 기반으로 그 시스템에 구축될 것이며, 유럽에 대한 러시아의 관계를 특징짓는 위협은 종식될 것입니다.[10]

하지만 키신저는 전쟁의 목적에 대해 분명히 밝힌다. 그는 푸틴 대통령을 전복시키기 위한 전쟁을 반대한다. 푸틴의 종말이 꼭 필요한가, 푸틴의 결과는 어떻게 될 것인가라는 질문에는 다음과 같이 답한다.

> 일부 사람들에게 블라디미르 푸틴은 이해할 수 없는 사람입니다. 내 생각에, 그가 이것을 받아들이지 않는다 해도 전쟁은 그를 전복시키기 위한 목적으로 진행되어서는 안됩니다.[11]

---

10 Micklethwait, John. "In Conversation with Dr. Henry A. Kissinger" The Bloomberg New Economic Forum. 2022. 11. 15. 유튜브 동영상 10:55 참고

11 *Ibid.* 유튜브 동영상 14:09 참고

키신저는 러시아가 가지고 있는 유럽 질서의 중요한 역할을 강조하며, 러시아의 붕괴도 푸틴의 실각도 유럽의 평화와 질서 유지에 도움이 되지 않는다고 생각한다. 그는 러시아의 침략을 저지하려는 우크라이나의 노력을 지지하지만, 이제 '협상을 통한 평화 달성'이 더 중요한 때임을 강조한다.

> 일부 사람들이 선호하는 결과는 전쟁으로 무력해진 러시아이다. 나는 동의하지 않는다. 폭력에 대한 모든 성향에도 불구하고 러시아는 50년 이상 동안 세계 균형과 힘의 균형에 결정적인 기여를 했다. 그것의 역사적 역할은 저평가되어서는 안된다. 러시아의 군사적 후퇴는 세계적 핵 도달 범위를 제거하지 못하여 우크라이나에서 확대를 위협할 수 있다. 이 능력이 약화되더라도 러시아가 해체되거나 전략적 정책 능력이 파괴되면 11개 시간대를 아우르는 러시아 영토가 경쟁 공백 상태가 될 수 있다. 경쟁 사회는 폭력으로 분쟁을 해결하기로 결정할 수 있다. 다른 국가들은 무력으로 주장을 확장하려고 할 수도 있다. 이러한 모든 위험은 러시아를 세계에서 가장 큰 두 개의 핵 강국 중 하나로 만드는 수천 개의 핵무기의 존재로 인해 더욱 복잡해질 것이다.[12]

---

12 Henry Kissinger. "How to avoid another world war", *The Spectator*, 2022. 12. 17

그는 The Spectator지 2022년 12월 17일자에 기고를 통해 이 전쟁에 관한 해결책을 제시하는데, 기본적인 것은 변하지 않았다. 즉 국경선을 전쟁 이전의 상태로 되돌려야 한다는 것과 무조건적인 러시아 파괴를 목표로 하는 것이 아닌 평화 협상을 추진해야 한다는 것이다. 많은 논란을 낳았던 국경선을 전쟁 이전의 상태로 되돌려야 한다는 발언에 대해서는 좀더 구체적으로 논하였다.

> 우크라이나와 러시아 사이의 전쟁 전 분할선이 전투나 협상으로 달성될 수 없다면 자결 원칙에 의지할 수 있다. 자결권에 관한 국제적으로 감독되는 국민투표는 수세기 동안 반복적으로 주인이 바뀌는 특히 분열적인 영토에 적용될 수 있다.[13]

전투나 협상으로 분할선(휴전선, 국경선)이 정해지지 않을 경우, 자결 원칙에 따라 국민투표를 한다는 것이 매우 합법적임을 강조한다. 크림 반도는 러시아에서 내어 놓지 않을 것이지만, 휴전 후 협상의 대상으로 삼아야 한다고 주장한다. 돈바스 지역의 경우, 국민투표를 시행할 경우, 어떻게 될 것인지에 대해서는 우리는 충분히 예측할 수 있다. 현재 러시아가 점령하고 있는 남동지역 일대는 원래 러시아 영토로서 소련 시절 할양해 준 것이므로 러시아인들

---

13 *Ibid.*

이 많고 러시아 문화가 고착화되어 있어 국민투표 시행 시 러시아에게 유리하다고 할 수 있다. 따라서 이러한 언급도 간접적으로 러시아의 손을 들어주고 있는 것으로 보인다.

키신저는 이 기고문에서 "평화 프로세스는 우크라이나를 나토와 연결시켜야 한다"는 모호한 주장을 시작했다. "더 이상 우크라이나가 중립국이 되는 것에 의미가 없다"고 말하는데, 중립국인 핀란드와 스웨덴이 나토에 가입했다는 사실은 중립국의 위상을 심각하게 훼손하는 것으로 본 것이다. 그럼에도 불구하고 이 기고문을 통해 "이미 이루어진 전략적 변화를 기반으로 협상을 통한 평화 달성을 위한 새로운 구조로 그 변화들을 통합해야 할 때이다."라는 중요한 발언을 했으며, "이 평화 프로세스를 통해 우크라이나의 자유를 확인하고, 중부 및 동부 유럽의 새로운 국제질서 속에 러시아를 편입시켜야 한다."는 주장을 폈다는 것이다.[14]

그는 우크라이나의 안보 보장을 지키기 위해 나토에 가입해야 함을 이후 여러 인터뷰와 기고를 통해 더욱 강조한다. 그렇다면 젤렌스키의 리더십에 대해서는 어떻게 생각할까.

> 글쎄, 그는 우크라이나의 특별한 인물입니다. 내가 발견할 수 있는 우크라이나 역사상 그와 같은 유형은 없었습니다. 확실히 전후에는 없었습니다. 그리고, 당신도 동의하시겠지만, 그가 키예프에 남지 않은 채 저항의 중요성을 강

---

14 *Ibid.*

조했다면 최근 사건으로 보아 그에 대한 평가가 상당히 달라졌을 것입니다. 하지만 그가 제시하는 도전이 사회를 결집시키는 데 필요한 자질로서 일종의 협상이 필요한 평화를 이루는 데에도 도움이 될 것인지는 의문입니다. 그리고 아마도 그가 제시한 우크라이나의 절대적인 입장에 대해 약간의 수정이 필요한 것 같습니다. 그리고 그는 외국 침략자에 대한 저항운동의 지도자로서 궁극적인 균형이 무엇인지 결정하기 전에 양보를 선언하는 것이 적절하다는 것을 모르는 채 앞으로만 나아가고 있습니다.[15]

키신저는 자질있는 지도자의 특질로서 "궁극적인 균형이 무엇인지 결정하기 전에 양보를 선언할 줄 알아야 한다"고 일침을 놓는다. 그가 지도자로서 내리는 결정이 평화를 이루는 데 도움이 될 것인지 의심한다. 즉 우크라이나가 전쟁으로 인해 황폐화되고 국민들이 죽어가는 이 비참한 현실에 대한 책임에 그 지도자가 예외일 수 없는 것이다.

2022년 6명의 지도자의 리더십에 대해 19번째 책[16]을 출간한 키신저는 푸틴의 리더십에 대해서도 논한다.

---

15 Fullilove, Michael. "Henry Kissinger on leaders in history, the Ukraine war, and Australia's relationship with China", In this episode of The Director's Chair, Michael Fullilove speaks with Dr. Henry Kissinger, *Lowy Institute* 2022. 12. 13

16 키신저는 2022년 4월 *Leadership: Six Studies in World Strategy*를 펴냈는데, 이 책에서 그는 6명의 세계적인 지도자, 콘라드 아데나워, 샤를 드 골, 리차드 닉슨, 안와르 사다트, 리콴유, 마가릿 대처 등을 분석했다.

> "그에 대한 내 판단은 그가 도스토옙스키에서 나온 인물이라는 것이었습니다. 격동, 봉기, 도전에서 살아남았고 결국에는 항상 가까스로 극복해 온 러시아 사회의 본질에 대해 매우 특별한 감정을 가지고 있었습니다. 그리고 그가 국제 정세에 대해 매우 훌륭한 분석가라고 생각했습니다. 나는 그의 우크라이나 침공이 나의 판단에 타당하다고 생각했습니다. 그랬기 때문에 나는 푸틴이 우크라이나의 나토 가입을 반대했던 것에 어느 정도 공감했습니다. 왜냐하면 냉전 시대에 러시아의 수하에 있던 베를린과 모스크바 사이의 전체 지역이 나토의 일부가 되었기 때문에 그럴 수 있다고 생각한 것입니다. 그리고 러시아의 침략이 행해진 바로 그 지역에 나토의 멤버십을 제공하는 것이 현명한 결정이라고 생각하지 않았습니다."[17]

하지만 키신저는 주권국가인 우크라이나를 예고 없이 공격한 것은 불합리한 결정이었으며, 정당성이 없다고 질책했다.

키신저의 2022년 우크라이나 사태 발발과 관련한 입장은 2014년 유로마이단 사태 이후부터 일관성을 유지하고 있다. 첫째, 러시아는 세계질서를 위한 균형추로서 반드시 존속해야 한다. 특히 중국을 견제하기 위해 미국의 친구가 되어야 한다, 둘째, 우크라

---

17 Fullilove, Michael. "Henry Kissinger on leaders in history, the Ukraine war, and Australia's relationship with China", In this episode of The Director's Chair, Michael Fullilove speaks with Dr. Henry Kissinger, *Lowy Institute* 2022. 12. 13

이나 사태 발발은 나토와 미국, 유럽연합의 잘못된 판단으로 촉발된 것이다, 셋째, 우크라이나 사태 해결을 위해서 협상을 통한 평화 달성이 중요하며, 이를 위해 현상유지 상태, 즉 영토할양도 감수해야 한다. 푸틴이 우크라이나를 공격한 것은 불합리한 결정이었으나, 이 전쟁이 푸틴이나 러시아를 대상으로 하는 전쟁으로 비화되어서는 안된다는 주장이다.

키신저의 주장들은 당시 큰 논란의 대상이었다. 주권국가의 영토를 할양해서 평화를 지키라는 말은 어느 누구도 하기 힘들고, 받아들이기도 힘든 발언이기 때문이다. 하지만 키신저의 주장은 자신의 오랜 시간에 걸쳐 성립된 외교철학에 근거하고 있으며, 그것은 학자로서 키신저가 연구한 결과를 바탕으로 하고 있음에 주목할 필요가 있다. 다음 장에서 그의 박사논문으로부터 시작된 그의 학문적 결과와 이로 인해 성립된 그의 외교철학, 실제 '키신저 외교' 등에 대해 살펴본다. 그리고 2023년 발언의 분석은 에필로그에서 다루기로 한다.

제2부
헨리 키신저의 '세계 질서'

01

"한 나라의 몰락은 한 나라가 패권을 쥐는 것만큼 위험하다"

- 나폴레옹 전쟁 이후 세계 질서

헨리 키신저의 우크라 사태를 둘러싼 많은 발언들은 의문을 자아낼 수 있다. 이 장에서는 젊은 시절의 키신저로 돌아가 그의 학문적 연구 결과와 이 결과 형성된 이른바 "키신저 외교 정책"을 살펴본다.

헨리 키신저는 유태계 독일인으로 나치의 박해를 피해 1938년 미국으로 건너갔고, 그는 하버드에 우수한 성적으로 입학하여 석박사를 마칠 때까지 최우수 성적을 유지했으며, 바로 하버드에서 정치학 박사학위를 취득하였다. 그가 당시 쓴 박사학위 논문은 나폴레옹 전쟁 이후 유럽의 100년간 평화를 이끈 '유럽협조체체' 즉 '메테르니히 체제'에 관한 것이었다. 그가 쓴 이 논문은 『회복된 세계』^{A World Restored}(1957)로 출간되었는데, 1812~1822년 간 메테르니히와 캐슬레이 간 평화에 대한 공방을 그리는 것으로 향후 키신저가 구상한 모든 미국의 대외정책의 향방을 제시하고 있으므로 이 논문을 바탕으로 그가 그리고 있는 평화 구상을 살펴볼 필요가 있다.[01]

키신저는 나폴레옹 전쟁[02] 중 대프랑스 동맹의 해체와 재결성 과정에서뿐만 아니라 1815년 나폴레옹 전쟁이 끝난 후 빈 회의에서 오스트리아 총리인 폰 메테르니히와 영국의 외무장관인 캐슬레이 자작의 세력다툼의 내용을 자세하게 그리고 있다. 전쟁 중에도 메테르니히는 복원된 군주제 원칙과 유럽 군주 간의 연대를 바탕으로 세력의 균형을 통한 유럽의 평화를 추구했다. 즉 프랑스혁명과 나폴레옹 침략이 안겨다 준 새로운 자유주의적 혁명사상 속에서 과거와 현재의 중재를 택한 것이다. 당대는 민족주의가 전세계적으로 확산되고 있었는데, 메테르니히는 전후 패배한 나폴레옹을 축출하되 프랑스는 러시아에 대한 균형추로서 유럽질서 체제 하에 두고자 했고, 팽배한 자유를 적절히 억압하며 군주들 사이의 연대를 추구하여 균형과 질서를 유지하고자 했다. 한편 영국의 캐슬레

---

01 키신저가 쓴 박사논문의 원제는 "Peace, Legitimacy, and the Equilibrium(A Study of the Statesmanship of Castlereagh and Metternich)"로 1954년에 박사학위를 취득했다. 그는 이 논문에서 처음으로 정당성(legitimacy)과 정의(justice)를 구분해서 사용했다. 키신저는 1957년 자신의 논문을 "A world restored: Metternich, Castlereagh and the Problems of Peace 1812-1822."라는 제목의 단행본으로 출판한다. 이 책과 관련된 인용은 이 책의 번역서 『회복된 세계』(서울: 북앤피플, 2014)를 바탕으로 하고 있음을 밝힌다.

02 1789년 프랑스 혁명 이후 프랑스에 자유주의가 팽배하자 왕정을 고수하던 오스트리아와 프로이센 등 주변 유럽국들은 불안에 휩싸이고 프랑스를 침공한다. 발미 전투에서 프로이센-오스트리아 연합군이 패배한 후 프랑스는 제1공화국을 선포하고 루이16세를 처형하자 대프랑스 동맹이 조직되며 프랑스와 전쟁을 벌이게 된다. 나폴레옹의 출현으로 프랑스는 모든 전투에서 연전연승하며, 대프랑스 동맹은 와해되고 결성되기를 6차례 반복한 후 라이프치히 전투와 워털루 전투를 마지막으로 프랑스에 승리한다. 전후 상황을 정리하기 위해 유럽국들은 빈 회의를 개최하였고, 이후 빈 체제가 이어지게 된다.

이는 메테르니히의 조직화된 유럽질서의 필요성을 인정했고 영국의 이익을 위해 유럽대륙의 정치에 더욱 가담하기를 원했으나 현실은 달랐다. 영국은 섬나라의 이점이 나폴레옹 전쟁을 승리로 이끌었다는 믿음으로 고립을 시작했고, 오스트리아는 또다른 나폴레옹의 등장에 대비해 보수적 군주들의 강력한 유럽 연합 시스템을 구축했다.

> 캐슬레이와 메테르니히는 균형상태를 이루기 위해서는 강한 중부 유럽이 필요하다는 데 일치했다. … 그들은 프랑스의 힘이 축소되어야 한다는 데도 같은 의견이었다. 이것은 우연이 아니었다. 호된 시련에서 간신히 살아남은 기억 때문에 도서국가의 정치가는 전쟁의 원인인 평화의 방해자를 무력화하려고 시도했다. 그러나 메테르니히에게는 나폴레옹의 패배가 문제의 종료가 아니라 지속적 관계를 정립할 기회를 의미했다. 그러므로 그는 프랑스의 봉쇄보다는 힘의 배분에, 방어용 요새보다는 각국의 상대적 국력에 더 관심이 있었다. 캐슬레이에게 프랑스의 축소가 유럽의 안전을 의미한 반면, 메테르니히에게 프랑스의 한계란 러시아의 힘이 어디까지 미치느냐에 따라 결정될 문제였다.[03]

---

03 키신저, 『회복된 세계』, 126~127쪽

나폴레옹 전쟁의 전후 처리 과정에 있어 캐슬레이와 메테르니히는 정반대의 입장을 취했는데, 메테르니히가 자신의 입장을 관철시키기까지는 많은 시간이 필요했다.

> 캐슬레이가 메테르니히의 우유부단함을 계속 의심한 것도 이상한 일이 아니었다. 메테르니히는 여전히 승리보다는 세력균형에 관심이 있었고, 프랑스의 붕괴보다는 프랑스의 힘을 제한하는 데 더 많은 관심이 있었기 때문이다.04

캐슬레이는 "전쟁의 정통성은 전적으로 프랑스를 타도할 필요성"에 있다고 주장했으며, 이를 위해 유럽국들의 독립을 보장하고, 프랑스의 영향력을 제거하며, 오스트리아와 프로이센의 영토를 회복시킬 것 등을 요구했다. 키신저는 시종일관 영국의 외무장관이었던 캐슬레이의 정책에 문제점을 암암리에 내비치고 있는데, 도서국이 가진 한계가 유럽의 중재자로 부상하지 못했다는 의견을 피력한다.

> 영국의 정책은 두 가지 환상에 기초하고 있었는데, 첫

04　앞의 책, 190쪽

째는 러시아가 '만족하고 있다'는 환상이었고, 둘째는 선의와 자명한 필요성 자체에 의해 유럽의 균형상태가 유지될 것이라는 환상이었다. 영국이 도서국의 협량한 견해를 벗어날 수 있을지, 과연 네덜란드의 독립 나아가 대영제국의 안보가 유럽의 균형상태라는 큰 그림의 한 측면에 불과하다는 사실을 깨달을 수 있을지도 아직 확실치 않았다.05

캐슬레이는 대프랑스 동맹의 단합이 영국의 국익을 제외한 그 무엇보다도 우선이라고 생각했고, 유럽의 연합이야말로 영국의 근본적인 국익에 해당된다고 생각했다. 영국의 이익을 무시하는 것이 아니라 동맹의 단합이라는 틀 안에서 그것을 추구하겠다는 의미였다.06

메테르니히는 주프랑스 오스트리아 대사로서 3년간 나폴레옹을 겪으면서 주도면밀하게 나폴레옹의 장단점을 파악하고 자국의 이익을 위해 또한 유럽의 평화를 위해 어떻게 해야 할지를 고심하였다. 균형과 보수를 중시한 메테르니히에게 나폴레옹 전쟁으로 말미암은 자유주의 및 민족주의의 확산은 세력 균형을 깨뜨리며 유럽의 패권이 한 나라에게 넘어가는 위험한 일이었다. 하지만 나폴레옹과의 전투에서 승리하지 못하자 오스트리아이 공주 마리 루이즈와 나폴레옹을 정략결혼시키며 위기에 빠진 오스트리아를

---

05 앞의 책, 212쪽

06 앞의 책, 220쪽

구원한 지략가였다. 6차례 성사되었던 대프랑스 동맹을 진두지휘 하였지만 패배로 일관하였고, 마지막 라이프치히 전투를 통해 승리한 대프랑스 동맹이 전후 처리를 위해 빈 회의를 소집하였을 때 메테르니히는 자신이 고수하였던 세력의 균형과 보수주의를 원칙으로 삼았다.

이러한 원칙의 고수는 한 세기의 유럽 평화를 이끌었다. 패전국인 프랑스에게는 너무나도 관대한 처결이었으나 메테르니히에게 있어 한 나라의 몰락은 한 나라가 패권을 가져가는 것만큼이나 위험한 것이었다. 결국 신성동맹이었던 오스트리아, 프로이센, 러시아 3국 동맹(1815.9)은 영국이 가담하여 4국 동맹 체제로 발전하고, 여기에 프랑스까지 가담하게 되어 5국 체제로 발전하게 된다.[07] 자유주의와 민족주의의 확산을 막으면서 프랑스 혁명 이전의 복고주의를 표방했던 유럽은 독일 연방에서 주도권을 잡고 있었던 오스트리아의 메테르니히에 의해 힘의 균형이 한 세기에 걸쳐 이어졌던 것이다.[08]

키신저는 오스트리아의 메테르니히가 빈 회의를 주도하고 있었

---

[07] 신성동맹의 기본 구상은 러시아의 알렉산드르 1세로부터 나온 것으로 유럽을 기독교적인 정신으로 통합하고, 그 위에 국제 평화를 이루려는 데에 있었다. 특히 패전국인 프랑스를 구원하고자 했고, 이로써 '유럽협조체제'의 근간이 되는 동맹이었다고 볼 수 있다. 따라서 광의의 의미에서 빈 체제와 신성동맹을 같은 의미로 쓰기도 한다.

[08] 키신저는 여기에서 메테르니히가 주도한 '신성동맹'의 천재성에 주목한다. 프랑스가 약해지고, 영국이 대륙 문제에 소홀함에 따라 오스트리아가 홀로 러시아에 맞서게 될 것을 염려한 메테르니히는 러시아 알렉산드르 1세를 설득하여 프랑스 혁명과 같은 자유혁명을 막기 위해 '신성동맹'을 고안한 것이다. 이것은 러시아 지도자들이 오스트리아와 프로이센을 지배하기 보다는 공동의 목표를 향해 권력을 돌리도록 설득하여 러시아 권력을 길들이고 유럽의 질서를 획득한 중요한 동맹인 것이다. Kissinger, H. Diplomacy. 중 제4장. 유럽협조체제: 대영제국, 오스트리아, 러시아를 참고할 것.

으나 프랑스의 나폴레옹과 영국의 캐슬레이, 러시아의 차르 알렉산드르를 비교하며 설명하고 있다. 궁극적으로 유럽의 평화와 안정이 중요하다고 판단한 메테르니히의 주장에 따른 빈 체제가 자리잡게 되었고 그것이 결과적으로 유럽의 평화를 이끌었다는 점은 키신저의 외교에 있어서 커다란 교훈이 되었을 것이다.[09] 유럽의 지정학은 작지만 강한 다수의 나라들이 각축을 벌이고 있다는 점에서 세력의 균형이 중요했던 것이다. 도서국이면서 세계 각국에 식민지를 보유한 강국인 영국도 끊임없는 견제의 대상이며, 연방을 형성하여 강대해져가는 독일연방 역시 지나치게 강대해지는 것을 막아야 한다. 패전국이라 할지라도 혁명의 불꽃을 간직한 프랑스는 향후 언제든지 다시 패권을 거머쥘 수 있는 나라인 것이다. 이 모든 나라들이 적절한 세력의 균형을 이룰 때에만 평화와 안정을 기대할 수 있는 것이다. 특히 오스트리아가 유럽 패권국이 되기는 쉽지 않다는 것을 알고 있기 때문에, 메테르니히는 유럽 전체의 균형을 기대하는 것에 사활을 걸었다.

당시에도 러시아는 유럽국의 일원이면서 동시에 유럽에 상당한 위협이 되는 국가였다.

> " 과거로 소급하는 강화를 체결할 것인지, 또는 미래를 고려하는 강화를 체결할 것인지는 그 국가들의 사회적 강

---

09 빈 의회의 최종의정서는 빈 체제를 성립시키고 유럽의 평화를 100년 지속시켰다는 데에 큰 의의가 있다. 이러한 의미에서 '빈 의회 최종의정서'는 유네스코 기록 유산에 등재되어 있다. 매우 중요한 의미를 가지는 문서이므로, 전문 번역을 부록으로 싣는다. [**부록 1**]

도에 달려있으며, 그들이 강화에 얼마만큼의 동기를 부여할 수 있는가에 달려 있다. 과거로 소급하는 강화는 '정통성'에 바탕을 둔 해결을 어렵게 만든다. 이러한 경우에 승전국들 간의 합의와 패전국의 요구라는 두 개의 정통성이 존재하게 된다. 그 두 정통성 사이의 관계를 규제하는 것은 오로지 무력이나 무력 사용의 위협뿐이다. 이 강화는 안전을 통해 안정을 추구함으로써, 그리고 전쟁의 내재적 원인은 존재하지 않는다는 신화를 믿음으로써 도리어 변혁적인 상황을 초래하고 만다.[10]

키신저는 빈 회의의 교훈을 통해 국제질서를 수립하는 두 가지 길을 언급한다. 그것은 "의지에 의하거나 포기에 의한 것이며, 다시 말해 정복에 의하거나 정통성에 의한 길이다."[11] 5국 대표들은 많은 갈등을 겪었고, 그것을 통해 정복이나 전쟁으로 비화할 수 있는 가능성도 있었다. 하지만 메테르니히의 중재는 포기와 양보를 통해 궁극적으로 유럽의 균형과 질서를 찾아야 한다는 정통성 회복에 의견을 모은 것이다. 빈 회의의 과제는 균형상태를 회복하는 것 자체가 아니라 그것을 회복하는 방식에 관한 것이었다. 메테르니히는 프랑스를 배제시키지 않은 채 순조롭게 전후 상황을 정리했다.[12]

---

10 키신저, 『회복된 세계』, 275쪽

11 앞의 책, 334쪽

12 빈에서 열린 전후 처리 회담은 6개월 이상 시간을 끌다가 나폴레옹이 엘바 섬을 탈출하

키신저는 자신의 하버드대 박사논문으로 '빈 체제가 이끈 한 세기 유럽의 평화'에 관해 쓴 것이다. 키신저의 박사논문이, 즉 학문적 성과가 현재 정치학에서 꾸준히 회자되고 있는 이유는 실제 키신저의 정책에 그것이 반영되어 있기 때문이다. 우리가 1부에서 살펴본 키신저의 러시아 옹호론은 그의 개인적 사유의 결과가 아니라 역사가 증명하는 세계 질서의 원칙에 의거한 것임을 알 수 있다. 그는 1957년 출간한 자신의 박사논문『회복된 세계』에서 나폴레옹 전쟁의 폐허를 평화의 상태로 회복하기 위해서는 패전국에 대한 징벌과 축출이 아니라 포용을 통한 힘의 질서 유지가 중요함을 주장했다. 패전국 프랑스는 유럽의 질서와 평화 유지를 위한 견인차였던 것이다.

특히 그가 주목한 메테르니히가 한 세기의 평화를 이끌 수 있었던 것은 '포기와 양보를 통해서라도 균형과 질서를 찾아야 한다는 정통성의 회복'을 강조한 체제 정립이었다. 키신저가 이번 우크라이나에 요구한 '영토의 양보'는 메테르니히 체제로부터 그의 외교철학에 뿌리박혀 있는 세계 평화와 세계 질서에 관한 자신의 신조에 근거한 발언인 것이다.

이렇듯 박사논문을 통한 세계 질서의 원칙에 관한 이해가 키신

고 100일민에 좌질시킨 후에 속하여 최종 결론을 담은 의정서를 냈다. 이 의정서에 따라 프랑스와 스페인은 부르봉 왕가가 복고했다. 독일 38개국은 나폴레옹이 멸망시킨 신성로마제국을 대신하는 '독일연방'을 수립했고, 폴란드는 러시아와 프로이센이 나눠가졌다. 영국은 몰타, 실론, 케이프를 얻었고, 오스트리아는 나폴레옹 체제에서 상실했던 베네치아와 롬바르디아를 되찾았다. 이밖에도 많은 조정이 이루어졌는데, 중요한 것은 프랑스 혁명 이전의 시대로 돌아갈 것과 세력균형 체제를 수립한다는 것이었다. 함규진, 『조약으로 보는 세계사 강의』, 서울: 제3의공간, 2017. 108쪽.

저로 하여금 베트남 전쟁 중 데탕트를 이끌 수 있는 동력을 제공했다고 볼 수 있다. 그의 학문적 배경은 자신의 공직 생활을 통한 실전 이후에 여러 저서를 집필하면서 더욱 공고해진다.[13] 나폴레옹 전쟁 전후 처리 과정에서의 외교적 결단이 향후 100년의 평화를 좌우한 것은 1차대전과 2차대전의 전후 처리 과정과의 비교를 통해 더욱 공고히 키신저 외교철학을 형성하게 만드는데, 이후 장들에서 더 구체적으로 이를 살펴보겠다. 이러한 역사 인식은 현대인에게도 큰 교훈을 주리라 본다.

---

13 키신저는 다수의 책을 집필했는데, 1969년 국가안보보좌관으로 봉직하기 전까지 *A World Restored: Castlereagh, Metternich and the Restoration of Peace, 1812-1822 (1957), Nuclear Weapons and Foreign Policy (1957), The Necessity for Choice: Prospects of American Foreign Policy (1961), The Troubled Partnership: A Reappraisal of the Atlantic Alliance (1965), Problems of National Strategy: A Book of Readings (ed.) (1965), American Foreign Policy, Three Essays (1969)*를 집필했으며, 1977년 국무장관으로서 임기를 끝낸 이후 *White House Years (1979), For the Record: Selected Statements, 1977-1980 (1981), Years of Upheaval (1982), Observations: Selected Speeches and Essays, 1982-1984 (1985), Diplomacy (1994), Years of Renewal (1999), Does America Need a Foreign Policy?: Toward a Diplomacy for the 21st Century (2001), Ending the Vietnam War: A History of America's Involvement in and Extrication from the Vietnam War (2003), Crisis: The Anatomy of Two Major Foreign Policy Crises (2003), On China (2011), World Order (2014), The Meaning of History: Reflections on Spengler, Toynbee, and Kant (2021), The Age of AI: And Our Human Future (2021, co-authored with Eric Schmidt and Daniel Huttenlocher)*를 집필했다. 최근 *Leadership: Six Studies in World Strategy (2022)*를 집필했다.

02

"베르사유 조약으로 유럽의 국제질서는
무너지고 말았다"

- 제1차 세계대전 이후 유럽 질서

키신저는 패전국 프랑스를 유럽에 합류시킴으로써 균형과 견제를 통한 국제 질서를 확립시킨 메테르니히를 존경했듯이, 이후 철혈정책을 통해 독일제국을 건립한 비스마르크에 대한 존경도 아낌없이 표현했다. 그의 명저로 꼽히는 『외교Diplomacy』[01]는 외교의 대가들에 대해 분석하고 있지만 "21세기에도 프러시아의 재상 비스마르크 같은 사려 깊은 정치가와 외교관이 필요하다"고 언급할 정도로 그의 정책에 찬사를 보낸다.[02]

---

01 키신저는 공직에서 물러난 이후 많은 저서를 집필하며 학문과 컨설팅(Kissinger association)에 천착했다. 많은 저서 중 3권의 명저로 『외교(Diplomacy)』, 『중국 이야기(On China)』, 『세계질서(World Order)』를 꼽는다.

02 키신저는 자신의 저서 『외교』의 제5장에서 나폴레옹 3세와 비스마르크에 대해 분석하고 있는데, 이 둘은 메테르니히가 구축한 '유럽협조체제'를 전복시키고자 했다는 점에서 공통점을 가진다. 키신저가 비스마르크를 높게 평가한 이유는 그가 신봉한 현실정치(레알폴리틱 Realpolitik)이라 불린 접근방식 때문이다. 키신저는 비스마르크를 오스트리아에

비스마르크는 키신저가 존경하는 메테르니히와 매우 닮아있다. 철의 재상으로 알려진 비스마르크는 덴마크, 오스트리아, 프랑스와의 전쟁을 승리로 이끌어 독일 제국을 건국했다. 그의 외교정책이 만들어낸 유럽 외교 구도를 '비스마르크 체제'라고 부를 정도로 외교술에 능했다. 그는 현실주의 정치 속에서 균형과 질서를 중요시 여겼다는 점이 메테르니히와 동일하다. 오스트리아 제국과의 전쟁에서 승리하여 독일제국에 복속시킬 수도 있었으나, 독립된 국가로서 존재하며 다른 유럽국을 견제한다면 유럽의 질서 유지에 도움이 될 것이라는 판단 하에 오스트리아를 존속시켰다. 그는 철혈재상이었으나 전쟁은 외교나 정치의 극단적 수단으로만 보았다. 그의 전쟁들은 독일 통일을 위해 불가피하다고 판단된 경우였지 정복 야욕에 의한 것은 아니었다. 독일 통일 이후에는 전쟁을 억제하려고 노력한 것으로 알려져 있으며, 이로 '고전적 현실주의자'로 불린다.

키신저는 자신의 저서 『세계 질서』에서도 메테르니히와 비스마르크를 비교하고 있다.

대한 프로이센의 2등 지위에 분개했기 때눈에 메테르니히 시스템에 반대했고, 결국 민족주의적이고도 보수적인 독일 제국을 만들었으며, 동맹국을 회유하고 적국을 조정하는 놀라운 능력의 정치가로 설명한다. 하지만 메테르니히와 달리 새로운 유럽질서에 대한 정당성이 부족했던 비스마르크는 성공을 공고히 하지 못했다고 키신저는 평한다. 키신저의 비스마르크에 대한 평가는 키신저의 저서 『외교(Diplomacy)』의 제5장. 두 명의 혁명주의자들: 나폴레옹 3세와 비스마르크(Two Revolutionaries: Napoleon III and Bismarck)와 제6장. 레알폴리틱의 시작(Realpolitik Turns on Itself)을 참고할 것

> 두 사람 모두 전형적인 보수주의자이며, 세력 균형을 조정하는 데 아주 뛰어난 인물로 기록되었는데 실제로도 그랬다. 그러나 그들은 국제질서에 대한 근본적인 개념은 정반대이며, 세력 균형을 아주 다른 목적을 위해 조종했고, 유럽 평화와 세계에 미친 영향 또한 대조를 이룰 정도로 크게 달랐다.[03]

키신저에 따르면, 메테르니히에게 오스트리아의 국익은 유럽 전체의 이익을 의미했고, 오스트리아의 역사적 역할은 다원주의, 유럽의 평화를 지키는 것이었다. 반면 비스마르크는 "힘의 구성요소들을 정확히 평가하는 경우에만 안보를 성취할 수 있다"고 확신했다.

독일을 통일시킨 비스마르크는 유럽의 질서를 바꾸고자 하였고, 독일 통일로 형성된 5개의 강대국이 이룬 새로운 질서 속에서 이웃 국가들의 집단적 적개심을 잠재우기 위해 끊임없는 동맹을 맺었다. 하지만 프랑스가 완전한 적대국이 되어 이 체제는 유연성을 잃었고, 점차 정당성보다 힘의 원리가 강화되면서 전쟁의 불씨가 커지게 되었다.

> 빈 협정이 체결된 이후 40년 동안 유럽의 질서는 갈등

---

03 키신저, 『세계 질서』, 이현주 역, 88쪽

을 완화시켜주었다. 독일 통일 이후 40년 동안 그 체제는 모든 분쟁을 악화시켰다. … 프랑스는 알자스로렌 지방을 되찾겠다는 확고한 신념으로 전쟁이 필요했고, 오스트리아는 국가로서의 책임과 중유럽 국가로서의 책임 사이에서 주저하는 모습을 보여줌으로써 전쟁에 기여했다. 독일은 자신들이 영국의 탁월한 해군력을 위협할 생각이 있는 것처럼 행동하면 영국이 유럽 최대의 지상병력을 저지할게 분명하다는 역사의 교훈을 모르는 척하며 해군력을 강화하고, 프랑스와 러시아와의 연속된 기싸움에서 승리를 거둠으로써 포위에 대한 두려움을 극복한 게 문제였다. … 이 지도자들은 자신들이 국제 질서를 해체하고 있다는 사실을 의식하지 못한 채 대참사의 발생에 기여했다. … 결국 군사작전은 외교행위에 압도적인 승리를 거두었다.[04]

키신저는 유럽의 평화는 5대 강대국이 서로의 힘을 견제하며 한 두 강국이 우세해지는 것을 막았기 때문이라 본다. 즉 세력의 균형이 질서와 평화를 담보하는 것이다. 1904년까지 그 5국 체제는 두 개의 동맹(삼국 동맹과 삼국 협상)으로 대체되었고, 독일과 오스트리아는 각자의 적인 프랑스와 러시아에 대항하여 서로 충돌하면서 평화와 질서가 깨어지고 전쟁이 불가피해진 것이다.[05]

---

04 키신저, 『세계 질서』, 97쪽

05 Kissinger, H. *Diplomacy*. Chapter 7. A Political Doomsday Machine: European Diplomacy

키신저에 따르면 전통적인 외교는 힘과 정당성의 두 요소를 섬세하게 균형잡는 것이다. 빈 체제의 한 세기 균형 잡힌 국제 질서가 깨지면서 제1차 세계대전이 몰고 온 피해는 러시아 제국, 오스트리아 제국, 오스만투르크 제국의 멸망이었다. 빈 체제의 국제 질서가 패전국 프랑스를 받아들인 것과 달리 1919년 체결된 베르사유 조약은 패전국 독일을 유럽질서에 받아들이지 않았다. 깨져버린 힘의 균형과 질서는 더 큰 재앙을 예고하고 있었다. "유럽의 지도자들이 제1차 세계대전에 참전하면서 그 전쟁이 미칠 영향을 제대로 파악하지 못하는 바람에 힘겹게 구축한 유럽의 국제 질서는 무너지고 말았다."[06]

키신저는 『외교』에서도 베르사유 체제의 문제점을 지적하고 있다. 베르사유 체제는 빈 체제와 정반대의 위치에 있다. 베르사유 체제는 무엇인가. 1차 세계 대전의 전후 논의를 위한 파리강화회의를 통해 전승국인 연합국이 패전국인 독일에게 전쟁의 책임을 물어 가혹한 배상금과 징벌을 요구하여 형성된 국제질서이다.[07] 앞서 언급한 대로 빈 체제가 패전국인 프랑스를 포용하여 유럽의 질서와 평화를 한 세기 간 유지했던 반면, 베르사유 체제는 패전국인 독일에게 가혹한 책임을 물어 결국 독일이 제2차 세계대전을 일으

Before the First World War 참조할 것. 삼국동맹은 오스트리아, 독일, 이탈리아, 삼국협상은 러시아, 영국, 프랑스가 맺은 것으로 두 동맹의 대결 구도가 제1차 세계대전을 낳았다.

06　키신저, 『세계 질서』, 103쪽

07　베르사유 조약의 내용은 독일은 식민지에 대한 권리를 포기하고, 독일군을 10만 명으로 한정하며, 공군은 금지시키고, 1320억 마르크를 배상하며, 알자스와 로렌을 프랑스에게 돌려줘야 한다는 것 등으로 독일에게 가혹한 것이었다.

키게 한 원인이 된 것이다. 키신저는 이 두 체제가 지닌 아이러니와 역사의 변증법에 진작에 주목하였다.

또한 미국의 참전이 일으킨 유럽 평화와 질서의 변화에 주목할 필요가 있다. 미국의 참전이 연합국의 승전을 이끌었지만, 미국의 우드로 윌슨 대통령은 유럽의 세력 균형 정치가 분쟁의 원인이라고 분석하고 국제질서를 미국의 가치인 민주주의, 법치, 민족자결에 기반해야 한다고 주장했다. 1919년 파리평화회의를 통해 윌슨은 국제연맹을 제안했고, 프랑스 총리인 클레망소와의 갈등 속에서 베르샤유 조약이라는 타협을 보았지만, 미국의회가 베르사유 조약을 거부하고 국제연맹 가입을 거부하며 최악의 상태가 되었다. 키신저는 윌슨의 정책을 비난한다. 윌슨은 공정하고 공평한 평화를 주장했으나, 베르사유 조약은 독일에 대한 가혹한 배상금을 부과했고, 윌슨은 민족자결주의를 주장했으나 결국 많은 독일인들이 폴란드, 체코슬로바키아, 오스트리아에서 살게 되었으며, 윌슨은 초강대국들의 무장해제를 원했으나 결국 독일만 무장해제되었다. 독일의 불만이 2차대전을 낳게 되었고, 결과적으로 1차대전은 미국에게만 무기 판매 등으로 인한 엄청난 부와 초강대국으로의 성장이라는 이익을 안겨준 셈이 되었다.[08]

그럼 베르사유 조약의 부산물인 국제연맹League of Nations을 보자. 1920년 윌슨 대통령의 제안으로 만들어진 국제연맹은 미국 상원

---

08 Kissinger, H. *Diplomacy*. 9장 참고할 것. 베르사유 조약은 전후 지도를 바꾸어 놓았다. 패전국의 영토를 승전국 마음대로 분할한 결과, 발틱 해를 중심으로 유고슬라비아, 체코슬로바키아, 폴란드 같은 독립국들이 생겨나기도 하고, 오스만투르크에 속해 있던 중동지역 영토와 독일 소유의 아프리카 지역도 승전국들에게 분할되었다. 팔레스타인, 요르단, 메소포타미아는 영국이 차지했고, 레바논과 시리아는 프랑스가 차지했다.

의 반대로 미국이 가입하지 않았고, 독일과 소련도 처음에 가입을 거부당하는 등 시작부터 매끄럽지 않았다. 키신저는 빈 체제의 1세기 간 평화 뒤에 온 1차대전의 결과, 베르사유 조약은 동맹 체제를 집단안보체제로 바꾸면서 세력 균형을 통한 질서에 균열을 만들었다고 본다. 현실주의 정치학자였던 키신저에게 윌슨의 민족자결주의는 현실에 반하는 외교 전술로서 '윌슨식 이상주의'라고 비판받을 수 밖에 없었다.[09]

베르사유 조약과 국제연맹의 비극은 윌슨의 비극이라 일컬어진다. 그리고 이 결과 2차대전이 촉발되었다는 것도 이미 기정사실화되고 있다. 레알폴리틱의 키신저가 윌슨식 이상주의를 비판할 수 밖에 없었던 것은 현실을 등한시한 채 이상으로만 치달았을 뿐만 아니라 실제로는 그 이상에도 부합하지 못하는 패전국에 대한 잘못된 처우로 비극의 역사를 재생산했기 때문이다. 키신저가 1차 대전과 나폴레옹 전쟁, 그 전후 처리에 주목하는 이유는 여기에 있다.

정반대의 결과를 빚은 이 전후 처리가 그의 외교 전략에 교훈을 준 것은 역사에서 진리를 찾은 당연한 결과이다. 외교 전략가로서 외교적 영향력을 가지게 된 키신저는 자신의 연구 결과에 따른

---

09 *Ibid*. 1장 참고할 것. 국제연맹이 전쟁을 방지하고 평화를 유지하기 위한 조직의 결성이라는 인류의 보편적 의식을 최초로 실현했다는 점에서, 그리고 국제 협력과 안전을 유지하려고 했던 최초의 국제기구라는 점에서 의미를 갖는 것은 사실이다. 회원국들이 전쟁에 호소하는 것을 금지하고 상호간 분쟁을 평화적으로 해결하며, 평화 유지를 위해 군비를 축소하고, 연맹의 규약을 어길 시 경제 제재를 할 것을 규정했으며, 군사적 제재의 가능성도 내비쳤다. 하지만 실제로 군사적 제재를 내릴 수 없다는 한계로 국제분쟁 해결에 도움이 되지 못했다. 만주사변에 대해 일본 제국에, 에티오피아를 침공한 이탈리아 왕국에 경제 제재를 내리는 대응을 한 것이 최선이었다.

외교정책을 2차대전 후 전후처리 과정에서 일부 반영하게 된다. 국제연맹이 가지고 있었던 집단안보체제의 맹점을 보완한 북대서양조약기구 조직에 역할을 하게 되는 것이다. 더 구체적인 내용을 다음 장에서 살펴보기로 한다.

03
"나토는 제 역할을 잘 수행하고 있는가"

- 제2차 세계대전 후의 세계 질서

키신저는 메테르니히와 비스마르크를 통해 외교에 있어 세력의 균형을 통한 질서 유지라는 덕목을 배웠다. 하지만 양차 대전을 겪으면서 유럽의 질서가 어떻게 깨어졌는지, 어떻게 재건해야 하는지 고심하게 된다. 즉, 제2차 세계대전 후 세계는 냉전이라는 거대한 물결 속에 있었고, 유대계 독일 출신의 20대 키신저는 세계의 평화는 세계 질서에 근거하며, 그 질서의 형성은 팽팽한 세력 균형에 있음을 깨닫게 되었기 때문이다.

그것은, 첫째, 이미 논한 바와 같이 나폴레옹 전쟁 후 100년 간의 평화가 유지될 수 있었던 이유를 분석한 결과였다. 1954년 하버드에서의 박사 학위는 그의 인생을 좌우하는 것이었다고 말할 수 있다. 그는 메테르니히 체제에 대한 내용으로 정치학 박사 학위 취득 후 하버드대학에서 국제관계학 강의를 하다가 1968년 12월 닉슨에 의해 국가안보보좌관에 임명된다.[01] 이후 1976년까지 국가안보보좌관과 국무장관으로 닉슨, 포드 대통령의 외교정책 수립에 큰 역할을 하였고, 그 이후에도 미국의 외교 정책에 지속적인 영향을 끼쳤다.

둘째, 그는 나폴레옹 전후 처리 과정과 더불어 1차대전 전후 처리 과정, 즉 베르사유 조약을 비교했을 것이고, 2차대전 전후 처리 과정과도 비교 분석하였을 것이다. 이러한 일련의 분석 과정은 그가 71세에 출판한 『외교』에 잘 정리되어 있으나, 이미 젊은 시절 충분히 연구하였고, 일명 '키신저 외교'라고 불리는 그의 외교 정책은 이러한 분석을 통해 정립되었을 것으로 본다. 즉, 1차대전 전후 처리의 문제는 첫째, 패전국에 혹독했던 베르사유 조약, 둘째, 윌슨식 이상주의의 문제, 셋째, 국제연맹의 실패 등을 들 수 있으며, 이로써 이상주의를 배제하는 현실주의정치와 1세기 평화를 구축했던 '세력 균형에 의한 세계 질서 유지'라는 모토는 그의 평생에 걸친 외교정책의 척도가 될 수밖에 없었던 것이다.

제2차 세계대전의 전후 처리 과정에 대해 헨리 키신저는 루즈벨트 대통령의 결정에 비판적이다. 루즈벨트 대통령은 미국, 소련, 영국, 중국이라는 강대국이 세계 각 지역의 평화와 안정을 책임지는 '네 명의 경찰Four Policemen'이라는 전후 질서 슬로건을 내걸었다.

---

01 1958년 하버드대 교수가 된 키신저는 존 록펠러의 손자인 넬슨 록펠러의 비공식 참모가 되면서 60, 64, 68년 세 차례 대통령 후보 경선에 출마한 록펠러의 외교자문역을 맡는다. 키신저의 전기를 쓴 니얼 퍼거슨 스탠포드대 후버연구소 선임연구원은 "아이젠하워 대통령 시절부터 권력 언저리에서 활동하던 키신저는 학자라는 한계를 절감하고 워싱턴의 내부자가 되길 갈망했다."고 지적했다. '99세에 책 내고 한반도 빅딜론… 키신저박사의 5가지 비밀', 송의달, 조선일보 2023년 2월 14일자.

루즈벨트, 처칠, 스탈린은 전후 처리에 관한 다른 해법을 가지고 있었고, 합의에 도달하지 못해 결국 냉전을 막을 수 없었다고 키신저는 분석한다. 그는 루즈벨트와 처칠이 더 일찍 연합하여 스탈린에게 동유럽에 대한 합의를 요구하였다면 공산주의의 확대를 막고 냉전을 피할 수도 있었을 것이라 말한다. 즉 루즈벨트의 '네 명의 경찰' 이론은 윌슨의 이상주의와 크게 다르지 않았다는 것이다.[02]

루즈벨트 사후 트루먼 행정부는 소련의 확장을 억제하기 위한 정책을 시작했고, 조지 캐넌이 발의한 '봉쇄' 전략이 냉전 동안 미국의 대러 외교 정책의 기초가 된다. 트루먼은 소련의 침략에 대항하려는 모든 국가에 미국이 원조를 제공할 수 있는 '트루먼 독트린'을 발표했고, 1947년에는 국무장관 조지 마셜의 이름을 딴 유럽 국가 경제 회복을 위한 경제 원조 프로그램 마셜 플랜을 발표한다. 그 무엇보다도 2차대전 후 유럽에 수립된 국제질서는 소련의 권력을 견제하기 위한 국제연합[03]과 북대서양 조약을 근거로 형성된 북대서양 조약기구, 즉 나토에 근거하게 된다. 즉 제2차 세계대

---

02 Kissinger, H. *Diplomacy*. 제16장 참고할 것.
03 국제연합의 설립은 1945년 10월 24일에 되었으나 1946년에 붕괴된 국제연맹을 계승한 것이다. 1945년 샌프란시스코에서 개최된 '국제기구에 관한 연합국 회의'에 참석한 50개국 대표가 국제연합헌장에 서명하여 출범하였다. 국제연맹의 실패를 거울삼아 보다 일반적이고 범세계적인 기구를 구상하였다. 1941년 미국의 루즈벨트 대통령과 영국의 처칠 수상은 대서양헌장을 통해 평화의 정착을 희망하였고, 1942년 추축국에 대항한 26개국 대표들이 연합국 선언(Declaration by United Nations)에 서명하면서 국제연합이라는 용어가 공식화되었다. 현재는 유엔을 공식번역 명칭으로 쓴다. 주요기구(총회, 안전보장이사회, 경제사회이사회, 신탁통치이사회, 국제사법재판소, 사무국), 보조기구(총회 및 이사회 산하에 설치된 기구), 전문기구(산하 기관은 아니지만 경제사회이사회와의 협정을 통해 정부간 협력을 목적으로 설립된 기구)로 구성되어 있고, 활동은 평화유지활동, 군비축소활동, 국제협력활동으로 나뉜다. 본부는 뉴욕에 있으며, 국제연합헌장의 전문은 법제처 국가법령정보센터에서 찾아볼 수 있다.(law.go.kr)

전 이후 새로운 유럽 질서를 만들어 내야 하는 시점에 미국은 유럽 파트너들과 함께 소련과 공산주의의 팽창을 막기 위해, 경제적으로는 마셜 플랜을, 군사적으로는 북대서양조약기구를 창설한 것이다.

북대서양 조약^{The North Atlantic Treaty(1949)}는 명백히 소련을 비롯한 공산권을 경계하는 서방국가들이 동맹을 결성한 것으로 사상 최대 규모의 집단안보체제를 구축한 것으로 볼 수 있다.[04] 집단안보체제에 대한 구상은 1차대전 후 나왔으나 미국이 빠진 국제연맹은 군사력을 가질 수 없었고, 이후 터진 대공황도 국제협력을 어렵게 했다. 2차대전 후 국제연합 결성과 마셜 플랜 등의 원조로 영미 등 자유국가끼리 뭉치자는 대서양 동맹 개념이 1946년 처칠의 '철의 장막' 연설에서 처음 등장했다.

> " 발트 해의 슈테틴으로부터 아드리아 해의 트리에스테까지, 대륙을 가로질러 철의 장막이 드리워졌습니다. … 전쟁 중 우리의 러시아 친구들과 동맹국들에게서 본 바로는 그들의 힘만큼 존경할 것이 없으며, 군사적 약점만큼 존경하지 말아야 할 것이 없습니다. 그런 이유로 세력 균형에 대한 오래된 교리는 건전하지 않습니다. … 서구 민주주의 국가들이 유엔헌장의 원칙을 엄격히 준수하면서 단결한다면 이러한 원칙을 발전시키는 데 있어 그들의 영향력은 막

---

04 북대서양 조약의 전문은 부록에 실었다. [부록 3]

대할 것이며, 아무도 그들을 괴롭히지 않을 것입니다. 하지만 그들이 분열되거나 그들의 의무가 흔들린다면, 그리고 이 가장 중요한 세월이 흘러가도록 허용된다면, 재앙이 우리를 압도할 수 있습니다.[05]

　이러한 동맹 개념은 군사적으로 유럽과 미국을 집결하게 했는데, 국제연맹의 맹점을 이미 보았던 유럽국들은 미국의 핵 우산 안에 들어가야 한다는 생각에 거부감 없이 나토에 가입한 것이다. 1949년에 창성된 북대서양 조약기구는 사령관으로 아이젠하워 장군을 임명하였고, 회원국으로 북대서양 서쪽의 미국과 캐나다, 동쪽의 영국, 프랑스, 네덜란드를 포함한 12개국으로 시작되었다. 평화 시에도 유럽에 미군을 배치할 수 있게 됨으로써 미국 외교사에 한 획을 그었다. 궁극적으로 유럽과의 대립각을 원치 않았던 소련은 1954년 나토 가입을 신청하였지만 반려되었고, 이에 소련과 위성국들은 바르샤바조약기구(1955)를 창설함으로써 본격적인 냉전 구도가 성립되었다.

05　처칠은 1946년 2차대전 종식 후 미국의 미주리주 풀턴 시에 있는 트루먼 대통령의 모교인 웨스트민스터대학에서 세기의 연설 'Sinews of Peace(평화의 원천)'을 낭독한다. 전쟁이 끝나고 모두가 평화와 안락에 쉬어 있는 시기에 처칠은 미국인을 향해 '냉전시대의 개막'을 알리고 새로운 위험에 대항해야 한다고 부르짖은 것이다. 당대 미국의 진보언론은 2차대전의 동맹국인 소련과 미국을 분열시킨다 하여 처칠을 비난했다. 이 연설에서 처음 등장한 '철의 장막'은 냉전 시대의 대표적 용어가 되었으며, 뒤이어 중국을 지칭하는 '죽의 장막'도 등장하였다. 이 연설은 2차대전 후 냉전을 촉발시켰다고 해도 과언이 아닌 연설로서 그 중요성이 있으므로 전문을 부록으로 싣는다. [부록 2] 출처: 영국의 '국가기록물보관소'

모든 유럽국이 나토를 반긴 것은 아니었다. 1959년 샤를 드 골 프랑스 대통령은 프랑스 지중해 함대를 나토에서 빼고, 미국 핵의 프랑스 배치를 막았으며, 1960년에 영국에 이어 독자적인 핵 개발에 성공했다. 드 골은 '위대한 프랑스'를 중심으로 유럽 민족주의의 부흥을 위해 노력하여, 63년에는 서독의 아데나워 총리와 '독-프 화해협력조약'을 맺기도 했다. "미국은 파리를 지키기 위해 뉴욕을 포기할 수 있는가"라는 말을 남긴 드 골은 독자적 핵무장뿐만 아니라 66년에는 나토 회원국으로는 남지만 모든 군사력을 철수시킴으로써 사실상 나토 탈퇴를 단행하기도 했다.

하지만, 프랑스의 단적인 예에도 불구하고, 키신저에 따르면, "유럽의 세력 균형은 유럽 내부의 협의로부터 미국의 핵 능력을 이용한 소련에 대한 전세계적인 봉쇄로 전환"되었다. 미국의 소련 봉쇄 정책 이후 수에즈 사태[06], 헝가리 혁명[07], 베를린 사태[08]를 겪으

---

[06] 1956년 이집트의 나세르 대통령을 권좌에서 끌어내리기 위해 조직적인 계획의 일환으로 이스라엘이 이집트를 침공하고 여기에 영국과 프랑스가 개입한 사건이다. 나세르가 수에즈 운하를 국유화하자 영국, 프랑스는 나세르를 축출하려고 했으나 미국과 소련의 반발로 영국과 프랑스는 수에즈 운하에서 철수하고 그 자리에 유엔긴급군(UNEF)이 주둔하게 된다. 이 사건으로 이집트의 위상은 제고되었으며, 유럽 제국주의 열강의 몰락을 보여주는 사건으로 회자된다.

[07] 1956년 10월 부다페스트에서 노동자, 농민, 시민들이 개혁을 요구하며 반정부 집회를 열어 시작된 혁명이다. 시민들은 복수정당제에 의한 총선거, 헝가리 주재 소련군의 철수, 표현과 사상의 자유 등을 요구하였고, 개혁과 인사 임레 너지가 수상으로 지명되어 정치범 석방, 비밀경찰 폐지, 소련군 철수, 바르샤바 조약기구 탈퇴 등을 선언하자 소련은 헝가리를 침공하여 친소정권을 세웠다.

[08] 1961년 베를린 장벽 건설로 귀결되는 베를린 위기를 지칭한다. 2차대전 말 베를린은 소련군에게 점령당하고, 종전 후 독일과 베를린은 각각 미국, 영국, 프랑스, 소련이 나누어 관리하였는데, 동베를린과 서베를린의 구분이 이때 생기게 된다. 동독의 동베를린 주민들은 서독의 서베를린으로 이주하게 되고, 두 도시 간 갈등이 불거지게 되자 흐루쇼프는

면서 유럽은 미국 및 미국 주도의 나토에 더욱 의존적이 되었고, 미국은 초강대국으로 부상하였다.

> 냉전의 첫 단계 동안 수립된 국제 질서는 동맹 관계 전체를 이끌어 가는 주된 파트너인 미국의 지휘하에 서양의 동맹 관계가 작동하면서 사실상 양극화되었다. 미국은 균형을 지키기 위해 조화롭게 행동하는 여러 국가들 간의 관계가 아니라 미국이 합작 회사의 사장 역할을 하는 관계로 동맹 관계를 이해했다. 유럽의 전통적인 세력 균형은 각 회원국의 평등함에 기초를 두고 있었다. 각각의 협력국은 균형이라는, 기본적으로 제한된 공동의 목표를 위해 각자의 세력을 기여해 왔다. 그러나 대서양 동맹은 공통된 체계에 동맹국들의 군사력을 합치기는 했지만, 주로 미국의 일방적인 군사력, 특히 핵 억제력에 의해 유지되었다.[09]

　냉전 시대의 미국과 소련의 팽팽한 힘의 균형은 그 시대 세계 질서의 유지에 한 몫을 담당했다. 키신저는 냉전 시대의 국제 질서가 두 가지 균형 상태를 반영한다고 보았다. 하나는 **소련과 미국의**

서베를린을 독립적인 정부를 갖는 자유도시로 만들자고 제안하지만 받아들여지지 않는다. 이에 흐루쇼프는 베를린 장벽을 세운다.

09　키신저, 『세계 질서』, 106쪽

핵균형이고, 다른 하나는 대서양 동맹 내부의 균형이었다. 유럽은 핵우산을 제공받는 대신 미국의 우월적인 지위를 인정한 것이다.

> 유럽 국가들은 추가적인 병력을 창설하는 것이 아니라 동맹국의 결정에 발언권을 갖기 위해 각자 군사력을 키웠다. 말하자면 미국의 억제력을 사용하는 문제를 논의하는 자리에 참석할 수 있는 입장권을 얻기 위해서였다. 프랑스와 영국은 전체적인 세력 균형과 무관한 소규모의 핵무기를 개발했지만, 주요 강대국들 간의 협상 테이블에 앉겠다고 요구했다.[10]

키신저는 이전에 여러 나라의 동맹 체제가 중심이 되어 대립되었던 반면, 이제 그 나라들을 대표하는 초강대국이 대립하는 냉전을 맞이하며 좀더 안정적인 국제질서를 형성하고 있다고 보았다. 하지만 2차대전 이후 결성된 북대서양 조약이 빈 조약, 베르사유 조약의 역사를 제대로 보완하였는가에 대해서는 아직 질문이 계속되고 있다.[11] 북대서양 조약 기구인 나토는 현재 러-우 전쟁의 직접

---

10 키신저, 『세계 질서』, 107쪽

11 나토의 확장은 나토가 '대서양 동맹'으로서 정체성을 잃고 '범유럽 집단안보체제'의 성격이 강해지도록 만들었다. 유럽 나토 회원국들은 1992년 보스니아 내전, 1999년 코소보 분쟁에서 미국과 활약했고, 2001년 9·11 테러 때도 미국을 전폭적으로 지지했다. 프랑스가 2009년 나토에 군사력을 다시 복귀하면서 나토의 유럽 정체성을 키우려고 했으나, 여전히 미국 군사력은 유럽 군사력을 모두 합친 것보다 월등했으며, 앞으로도 미국 영향

적인 원인이 되었기 때문이다.

　독일이 통일되고 소련이 붕괴하자 냉전이 초래한 세계 질서에도 근본적 변화가 일어났다. '새로 통일된 독일의 충격을 완화시키려는 바람으로 탄생한 유럽연합'은 2002년에 단일 통화를 도입했고, 2004년에는 공식적인 정치조직까지 수립했다. 유럽연합은 평화적인 기구를 통해 차이를 조정하는 완전하고 자유로운 통합유럽을 선언했다. 키신저는 독일이 다시 유럽의 강대국으로 등장했으나 유럽연합이라는 국가와 연방의 혼합 형태로 결속된 유럽은 다시 균형을 되찾고 있다고 보고 있다. 이러한 상황에서 대서양 협력 관계를 지속시킬 것인가는 하나의 숙제가 되고 있다.

> 대서양 공동체는 계속해서 존재할 것인가? 나는 그렇게 되기를 열렬히 바라지만, 만약 그렇게 된다면 유럽은 스스로를 어떻게 규정할 것인가? 이 문제는 대서양 양쪽에 있는 미국과 유럽 모두가 스스로에게 물어야만 한다. … 냉전 시대의 소련의 도전과는 다른 경험들로 형성된 새로운 세대는 '대서양 협력 관계'에 더욱 구체적인 의미를 부여해야 한다. 유럽의 정치적 진화는 본질적으로 유럽인들이 결정해야 한다. 그러나 대서양 건너편에 있는 유럽의 동반자들이 그 과정에 중요한 이해관계를 갖고 있다. 새로이 등장한 유럽은 새로운 국제 질서 구축에 적극적으로 참여

력은 계속될 것이다. 함규진, 앞의 책, 271쪽.

할 것인가. … 역사와 지정학으로 볼 때, 유럽연합을 지지하고 지정학적 공백 상태에 빠지지 않도록 막을 충분한 이유가 있다. 정치, 경제, 국방 분야에서 미국이 유럽과 분리된다면, 미국은 유라시아로부터 멀리 위치한 고립된 지정학적 섬이 되고 유럽은 아시아와 중동 영향권의 부속물로 변해 버릴 것이다.	"

나토는 소련의 해체 시 바르샤바 조약기구가 사라지면서 함께 공멸해야 했을 조직이지만, 유럽과의 연대를 원했던 미국과 새로운 러시아에 대한 불안 해소를 위한 유럽의 요청으로 아직까지 존속하고 있다.[12] 상기 키신저의 발언에서 볼 수 있듯이 미국은 유럽과 분리되는 것을 막기 위해, 유럽이 러시아권의 부속물이 되는 것을 막기 위해 반드시 나토를 고수해야 하는 것이다. 특히 키신저는 1973년 브뤼셀에서 열린 나토 장관급 회담에서 미국과 유럽의 관계 개선을 목표로 '신대서양헌장'을 구상하는 등 미국과 유럽의 전면적이고 완전한 군축 관계를 주장해왔다.[13]

---

12 나토는 창설 당시 12개국이었으나, 1982년까지 16개국이 된다. 하지만 소련 해체 이후, 독일 통일과 더불어 '1인치도 동진하지 않겠다'는 약속을 저버린 나토는 1999년 체코, 폴란드, 헝가리가 가입하여 19개국으로, 2002년 에스토니아, 라트비아, 리투아니아, 슬로베니아, 슬로바키아, 불가리아, 루마니아 등이 가입하여 26개국으로, 2009년에는 알바니아와 크로아티아가 가입하며 28개국이되었다. 2020년까지 몬테네그로, 북마케도니아를 포함하여 30개국이 되었고, 2022년 우크라이나 사태 이후, 중립국인 핀란드와 스웨덴이 나토 가입을 신청하였고, 2023년 핀란드가 정식 가입승인되었다.

13 함규진, 263쪽

키신저는 나토에 대해 어떠한 입장을 가지고 있는가.

> 300년 동안 유럽은 국제시스템의 설계자였으며, 세계 구조에서 리더십을 제공해 왔습니다. 하지만 2차대전을 겪으면서 유럽은 황폐화되고, 미국은 이 국가들을 통합하고 영토 보전을 보장하는 리더십을 맡게 되었습니다. 도전은 주로 소련의 유럽에 대한 군사 공격이라 생각되었습니다. 유럽은 마셜 플랜에 따라 경제적으로 회복되고 시민사회로서의 역할을 수행할 수 있었으나, 국제정치의 리더가 되지는 못했습니다. 그동안은 소련의 공격을 잠재적 위험으로 주로 인식했으나, 전세계의 일련의 위기를 도전과제로 변경하게 됩니다. … 이것이 나토가 직면한 문제로 일련의 지역 외에도 지속적으로 직면해 있습니다. … 나는 그래서 나토가 중요하다고 생각하고 있으며, 나토의 역할을 강력하게 지지합니다.[14]

즉, 키신저 자신이 나토가 애초의 목표, 소련과 공산주의를 견제하고 전복시킨다는 목표에서 이미 다른 지역까지 포용하는 세계질서의 '경찰관' 역할을 해야 한다고 생각하고 있는 것이다. 북대서양 지역이라는 한정된 공간 이외의 지역에서 적극적인 역할을 담

---

14 동영상 Henry Kissinger, Wicker Discuss Future of NATO. 0:35 참고할 것

당해야 한다고 주장하고 있다.

유럽의 질서는 오래 전부터 세계 질서의 중심축이었다. 20세기 냉전 이후 소련의 붕괴가 안겨다 준 유럽 질서의 변화 가능성은 미국에게 위협이 될 수 있었을 것이라고 본다. 러시아가 유럽에 편입하고자 했던 사실 즉, 러시아가 나토 가입을 시도하고, 현재에 이르기까지 유럽과의 경제적 협력을 도모했던 사실은 미국에게 큰 위협을 의미한다. 미국과 나토가 유럽을 러시아에 내어주어 평화공동체를 이루었을 때 미국의 유럽 지배력은 약화되고 '미국은 유라시아로부터 멀리 위치한 고립된 지정학적 섬'이 되는 것이다.

키신저의 질서와 균형 외교는 지나치게 미국 중심적임을 알 수 있다. 미국은 나토를 존속시키고 더욱 강화시킴으로써 스스로 유럽의 안보 우산이 되어 종속관계를 유지했고, 이로써 미국의 일극 체제를 부추기고, 미국 중심의 세계 질서를 수십 년간 유지했다. 키신저가 나토의 존속을 찬성하는 이유는 그의 외교철학인 평화로운 세력 균형을 통한 세계 질서 유지, 즉 유럽과 미국의 연대를 보장하고, 러시아와 유럽이 연합하지 못하도록 견제할 수 있기 때문이다. 그렇기 때문에 유럽과 러시아는 따로 균형과 질서에 맞게 건재해야 했고, 이를 위해서는 나토의 확장도, 우크라이나의 나토 가입도 올바른 것이 아니었다. 키신저가 생각한 나토의 역할은 미국과 서유럽의 결속과 연대이다. 러시아를 견제하는 역할을 하되 이를 통해 러시아, 서유럽, 미국의 힘의 균형이 형성되기를 바랐던 것이다. 따라서 나토의 확장으로 인한 러시아 도발은 적당하지 않다. 이를 위해 우크라이나는 유럽과 러시아의 완충국 역할을 수행해 주어야 했고, 그것을 위해서는 중립국이 되어야 적절했던 것이다.

키신저는 2차대전의 부산물로서 나토가 그 역할을 충실히 하고 있다고 주장하며 지지하지만, 그것은 자국의 이익을 위해 봉사해 온 키신저의 외교 철학에 따른 주장이다. 나토가 세력 균형의 역할을 잘하였는지, 그 존재와 역할이 원래의 의도에 부합하고 있는지 명확히 살펴볼 필요가 있다. 나토가 바르샤바 조약기구와 함께 해체되었다면, 적어도 나토가 북대서양 조약기구로서 그 역할만을 충실히 담당했다면, 오늘날의 사태는 벌어지지 않았을 것이다. 하지만 지나치게 나토를 확장시키고, 심지어 중국을 타겟으로 아시아까지 확장을 시도함으로써 세계 질서와 균형을 깨고 있다. 작금의 우크라이나 사태는 미국, 나토, 서유럽의 과욕이 불러일으킨 것이라 볼 수 있다. 이제 유럽의 평화, 세계의 평화를 위해 세계 질서는 어떻게 형성되어야 할지 새롭게 정리해야 할 시기이다.

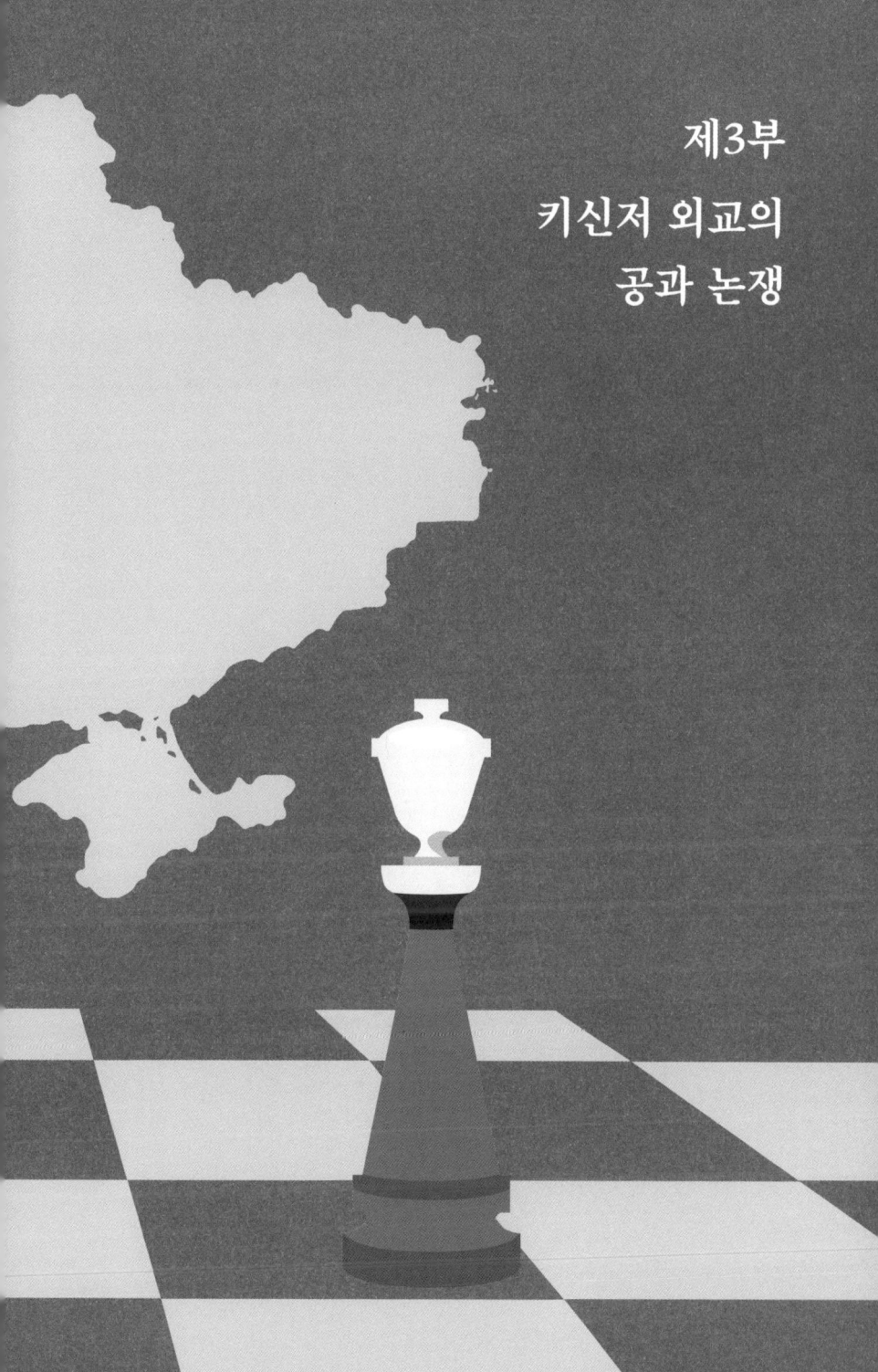

제3부
키신저 외교의
공과 논쟁

01

"베트남 전쟁은 처음부터 미국의 실수였다"

- 베트남 전쟁의 비극

이번 장에서는 '키신저 외교'가 실전에서 어떻게 적용되었는지 살펴볼 것이다. 유태계 독일인으로서 나치의 박해를 피해 미국으로 이민 와서 자수성가한 학자였던 키신저는 하버드대학에서 우수한 성적으로 졸업하고 박사학위까지 취득한 뒤 교수가 되었으나, 학자로 남지 않고 주류 정치에 편입하기를 바랐다. 그가 '폴리페서'가 된 것은 우연한 일은 아니었다. 그에게 찾아온 기회는 넬슨 록펠러의 보좌관이 된 것이었다. 당시 주지사로서 대통령 후보였던 민주당의 록펠러는 자신의 보좌관이 상대당 후보였던 닉슨 진영으로 넘어가리라고는 생각하지 못했다.

"

1960년대 당시 베트남을 방문한 키신저는 전쟁을 계

속할 가치가 있는가에 대해서는 판단을 유보했지만, 전쟁에서 이길 가능성에 대해서는 개인적으로 상당한 의심을 품고 있었다. … 키신저는 중간자적인 처신을 이용해 1968년 이중적 행동을 할 수 있었다. 즉 그는 록펠러 주지사를 속였으며, 다른 한편으로는 미국의 주요 경쟁국들과의 향후 데탕트 외교를 제안할 수 있었다. … 록펠러 주지사는 자신의 야심 많은 부하가 자신을 배신하고 닉슨 진영으로 넘어가 데탕트 외교를 위험에 빠뜨리고, 또 나중에는 조잡하게 모방된 형태의 데탕트 외교정책을 자신의 공적으로 내세우리라고는 전혀 생각하지 못했다.[01]

"

베트남 전쟁은 키신저가 노벨평화상을 받도록 만들었으나, 실제로 그의 명예를 가장 실추시킨 사건이었다. 히친스는 베트남 전쟁을 키신저의 범죄 중 하나로 지목하는데, 그 혐의는 1968년에 종식될 수 있었던 베트남 전쟁[02]을 4년 연장시켰다는 데에 있다는

---

01 히친스, 『키신저 재판』, 55~56쪽

02 베트남 전쟁(제2차 인도차이나 전쟁)의 시작은 베트남 제국이 멸망하고 호치민의 공산주의가 베트남을 장악할까 우려한 미국이 남베트남을 지원하기 시작한 1955년으로 삼는다. 미국의 지원에도 응우디지엠 대통령의 남베트남은 부패와 혼돈 속에 빠지고, 베트콩(남베트남민족해방전선 산하 게릴라 조직)까지 결성되어 혼란이 가중되자 1963년 미국은 미군을 본격적으로 개입시킨다. 같은 해 케네디는 쿠데타를 사주하여 응우디지엠을 제거하였으나, 혼란은 더욱 가중되기만 한다. 결국 1964년 린든 존슨 대통령은 통킹만 사건을 계기로 전면전을 펼치고, 북베트남이 선전하는 가운데 1965년 미군은 연합군의 도움을 요청하게 되었다. 소련과 중공군도 북베트남을 지원하게 된다. 그럼에도 불구하고 전쟁은 끝나지 않고 1968년 북베트남의 구정대공세는 미국의 여론을 악화시켜 전쟁을 새로운 국면에 접어들게 한다. 대통령 선거가 있던 1968년 린든 존슨은 불출마를

것이다. 미국 존슨 민주당 정부는 1968년 베트남과 평화협상을 벌이고 있었는데, 이 협상이 미국 대통령 선거 사흘 전에 무산됐다. 남베트남 정부가 갑자기 평화협상을 거부했기 때문이다.[03]

> 남베트남이 이런 돌출 행동을 벌여 공화당 승리에 기여한 배경에는 닉슨과 남베트남 군부가 벌인 비밀 접촉이 있다. 닉슨은 공화당 정부가 들어서면 남베트남에 더 유리한 조건으로 협상할 테니 존슨 정부의 평화협상안을 거부하라고 남베트남 측을 설득한 것이다. 키신저는 당시 공화당에서 닉슨의 정적이었던 록펠러의 외교 자문을 맡고 있었다. 키신저는 민주당의 선거전략을 공화당 닉슨 캠프에 누설했고, 파리협상은 깨지고 만다. 이후 전쟁은 4년을 더 지속했다. 닉슨의 국가안보 담당 보좌관이 된 키신저는 이후 폭격 대상을 캄보디아와 라오스로 확대했다. 라오스와

선언하게 되고, 닉슨이 당선되어 미군의 단계적 철수와 '닉슨 독트린'을 발표한다. 1969년부터 미군 철수가 단계적으로 이루어졌는데, 이러한 와중에 미군은 캄보디아와 라오스에 폭격하는 등의 민간인 학살을 저지른다. 북베트남과의 교전과 철군이 동시에 이루어지는 가운데, 1972년 닉슨은 재선되고 1973년 파리강화조약이 체결되어 키신저는 노벨평화상을 받게 된다. 1975년 북베트남은 적화통일하여 통일베트남사회주의공화국 정부를 수립한다.

03 우크라이나와 러시아의 제5차 평화협상이 2022년 4월 결렬되었는데, 미국과 영국의 거부권 행사에 의한 것이었다. 역사를 따져보면 이것은 베트남 전쟁에서 이미 반복되었던 일이다. 남베트남과 북베트남의 협상은 닉슨-키신저의 대권 승리를 위해 설득, 좌초되었던 것이다. 하지만 강성학은 "11월 4일 대통령선거에서 닉슨이 승리한 것은 평화회담을 둘러싼 그의 공작 때문이 아니라 민권을 최대한으로 밀어붙인 존슨에 의해 창조된 민주당 내의 근본적 분열 때문이었다."고 말한다. 강성학, 『헨리 키신저』, 299쪽

캄보디아가 북베트남의 배후 근거지이므로 폭격이 불가피
하다는 것이 이유였다. 이 작전은 중립국인 두 나라를 선
전 포고도 없이 폭격하면서 미국의 교전 수칙마저 위반했
다. 더구나 고엽제를 비롯한 화학무기까지 사용했다. 이때
희생된 민간인은 캄보디아에서 60만명, 라오스에서 35만
명에 이른다.⁰⁴ "

베트콩 게릴라를 숨겨주었다는 혐의만으로 캄보디아와 라오스의 민간인 마을에 무자비한 폭격을 자행한 것, 즉 베트남 전쟁을 확대하고 베트남에서의 전쟁을 4년간 더 지속시킨 것에 대한 키신저의 책임은 회피하기 힘든 것이다. 또한 베트남에서 벌어진 '특급열차사건 Operation Speedy Express' 역시 키신저의 중대한 실책으로 꼽히는데, 이것은 1968년 닉슨 행정부가 들어서는 동안 미군이 베트콩을 뿌리뽑는다는 명목하에 메콩강 삼각주 지역의 나무를 6개월 간 베어낸 사건이다.⁰⁵

키신저가 무조건적인 캄보디아, 라오스 폭격을 자행한 것은 아

---

04 히친스, 같은 책, 8~9쪽. 키신저가 연장시킨 베트남 전쟁 4년 동안 무의미하게 희생된 미군의 수는 2만명에 달한다. 워싱턴에 있는 베트남 참전용사 기념비에 따르면 베트남에서 전사한 미군은 6만여 명이다. 같은 책, 63쪽

05 이 당시 미군은 9사단을 작전에 투입했고, 공군 폭격기가 3,381회 전술 폭격한 것으로 기록되고 있다. 이 작전으로 10,899명의 '적군'이 사망한 것으로 기록되어 있는데, 여기에 민간인이 포함되지 않았다는 증거는 없다. 히친스는 키신저가 캄보디아 폭격지에 민간인이 몇 명 살고 있는지에 대한 정보를 가지고 있었음에도 불구하고 '아침', '점심', '저녁', '후식'이라는 메뉴 공격암호명을 사용한 폭격 작전을 명령했다고 기술하고 있다. 같은 책, 74쪽

니다. 닉슨 정권의 과잉 개입과 과잉 고립주의 사이에서 소련, 중국과의 3각 균형을 창조하여 지구적인 질서의 전반적 틀을 형성해야 한다고 느꼈고, 이에 생겨난 개념이 '닉슨 독트린$^{Nixon\ Doctrine}$'이었다.[06] 닉슨 독트린은 대아시아 전략이 아니라 미국의 전지구적 전략으로 제시되었다. 미국 시민들 사이에서 일어난 베트남 전쟁에 대한 반감은 신고립주의와 반제국주의의 분위기를 창조했고, 닉슨 독트린에 따른 레둑토$^{Le\ Duc\ Tho\ 07}$와의 비밀협상으로 철군은 서서히 준비되고 있었다. 하지만 미국은 도미노 현상을 걱정하지 않을 수 없었다. 즉 미군의 철수 후 베트남이 공산화될 경우, 캄보디아와 라오스의 공산화는 이미 예정된 수순이었던 것이다. 더구나 베트남 공산주의자들이 캄보디아와 라오스에 은닉해 들어갔다는 이유로 결국 닉슨, 키신저를 비롯한 국가안보위원회는 캄보디아 공격을 결정했다. 물의를 일으킨 캄보디아 침공으로 1970년 닉슨은 지지율이 50% 이하로 급락했다.

마침내 1970년 의회와 언론은 키신저가 무단 폭격을 수행한 사실을 공개했다. 키신저의 고위직 부하들 중 앤서니 레이크와 로저 모리스는 캄보디아 침공에 항의하여 사표를 썼고, 200명 이상의 국무부 직원들이 국무장관에게 보내는 항의서한에 서명했다.

---

06 강성학, 같은 책, 354쪽. 미국은 작은 아시아 동맹국이 직면할 안보위협에 관해 3기지 유형을 구별해야 한다. 그것들은 내부 반란, 이웃국가에 의한 공격, 아니면 소련이나 중국으로부터의 공격이었다. 닉슨과 키신저는 마지막 경우에만 개입할 수 있다고 결정했다.

07 레둑토는 베트남의 정치가로서 베트남공산당 창당 멤버이자 인도차이나공산당을 개칭한 베트남노동당 중앙위 정치국원이었다. 1968년 베트남 평화교섭을 위해 키신저와 비밀교섭을 하여 성공으로 이끌었다. 이 공로로 키신저와 공동으로 1973년 노벨평화상 수상자로 지명되었으나 수상을 거부했다.

하지만 닉슨-키신저 행정부는 공습을 확대하지 않기로 약속했음에도 불구하고 1973년 캄보디아 공격용 폭탄을 23% 증가시켰다. 이러한 무차별 폭격은 라오스에서도 같은 방식으로 이루어졌다. 이 결과 1968년~1972년까지 전쟁이 장기화되면서 인도차이나 반도에서는 3백만 명 이상의 민간인이 죽거나 다치거나 집을 잃은 것으로 추산됐다.[08]

위와 같은 사상자는 1968년 협상이 제대로 이루어졌다면 발생하지 않았을 인명 피해다. 베트남 철군을 약속한 닉슨은 대통령에 당선되고, 실제로 순차적으로 미군을 철수시키지만 그 와중에도 북베트남과의 교전은 계속되었으며, 10년을 지속시킨 베트남 전쟁을 무마시키기 위한 키신저의 3각 균형 전략, 즉 비밀리에 미중 외교와 미소 외교를 개선시킴으로써 북베트남을 고립시키고자 한 전략은 매우 효과적이었다.[09]

하지만 키신저는 이와 같은 베트남 전쟁에 관한 문제를 자신의 책 『외교』에서 길게 설명한다.[10] 그는 25장부터 3장에 걸쳐 베트남

---

08 미국 상원 난민 소위원회의 발표. 같은 책, 89쪽.

09 54만 명에 달하던 베트남 주둔 미군의 수는 1972년 2만 7천명으로 줄었고, 재선을 앞둔 닉슨의 대통령 선거 전에 키신저는 북베트남과의 휴전을 이끌어내길 원했다. 북베트남의 레둑토와의 비밀협상은 순조롭게 진행되었지만, 남베트남의 티에우 대통령과 닉슨과는 충돌이 있었다. 키신저는 닉슨의 지시를 무시하고 닉슨의 당선을 위해 평화조약이 체결된 것처럼 언론에 발표해 높은 지지율로 닉슨이 당선되었지만, 레둑토와 티에우는 모두 받아들일 수 없었다. 급기야 키신저는 북베트남에 B-52기로 폭격을 단행한다. 민간인 지역에 대한 미국의 공습으로 인해 미국과 키신저의 위신은 추락하기 시작했다.

10 이하 키신저의 주장은 『외교』의 25장. 베트남: 늪에 빠진 트루먼과 에이젠하워 Vietnam: Entry into the Morass; Truman and Eisenhower, 26장. 베트남: 절망의 길에 선 케네디와 존슨 Vietnam: On the Road to Despair; Kennedy and Johnson, 27장. 베트남: 구출된 닉슨 Extrication; Nixon의 내용을 정리하였다.

전쟁에 설명을 할애하는데, 미국의 봉쇄 정책이 일으킨 비극으로 설명한다. "봉쇄 정책의 주요 딜레마는 미국이 모든 곳에서 공산주의를 봉쇄해야 하는지 여부였다." 트루먼 대통령은 베트남 정권에 맞서 싸우는 프랑스군에 원조를 하는 것에서 벗어나 미국의 아시아 개입을 확대했다. 그리고 아이젠하워 대통령은 트루먼의 '우유부단한 인도차이나 정책'을 물려받은 것이다. 아이젠하워는 미군 파견만큼은 거부했으나, 전장에서 패한 프랑스가 인도차이나를 떠나자 남부와 북부가 분할되어 북부에는 베트민이 통제권을 얻은 것이다. 아이젠하워는 인도차이나에서 공산주의가 확장되어서는 안 된다는 신념으로 남베트남에서 응오딘지엠 Ngo Dinh Diem (1901~63)이 권력을 장악하도록 지원했고, 미군 고문을 파견했다. 존 케네디 대통령 역시 마찬가지였다. 트루먼과 아이젠하워의 정책을 이어가며, 남베트남의 경제를 건설하고 정부를 민주화함으로써 공산주의를 물리칠 수 있다고 믿었다. 더욱이 남베트남의 응오딘지엠이 전략을 제대로 실행하지 못한다고 생각하자 베트남군을 선동하여 그와 그의 가족을 죽이도록 쿠데타를 일으켰다. 케네디 사망 후 후계자 린든 존슨은 케네디의 베트남 정책을 가속화했다.

 키신저는 베트남 전쟁의 시작에 문제가 있다고 지적한다. 즉, 베트남 전쟁이 미국의 가치를 지나치게 극단적으로 추구한 결과라고 보고 있다. 지구 모든 곳에서 공산주의를 봉쇄하기로 한 미국 지도자들은 "국익이 권력에 우선해야 한다는 리슐리외 추기경의 공식"을 기억하지 못한 결과로 본다. 베트남이 미국에게 중요하지 않다는 것을 깨달았어야 한다는 것이다.

재선 출마를 포기한 린든의 후임' 닉슨 대통령은 미국 내 반전 운동을 무마시키기 위해 철군을 준비하고, 남베트남이 스스로 북베트남에 맞설 수 있도록 하는 '베트남화 전략'을 택했다. 그리고 북베트남과의 협상을 국가안보보좌관인 헨리 키신저에게 위임했다. 키신저는 북베트남 정치국 고위간부인 레둑토와 직접 협상하였고, 1972년 레둑토가 갑자기 모든 협상을 수락하며 평화를 이뤄내는 듯했지만, 1975년 북베트남이 다시 남베트남을 공격하면서 막대한 인명 피해 끝에 베트남은 공산화되었다. 그 사이 닉슨은 워터게이트 사건에 휘말린다.

키신저의 공직 생활 중 가장 큰 논란에 휩싸인 베트남 전쟁, 키신저의 전쟁범죄라고 불리는 대량학살에 대해 본인은 지속적으로 반박하고 있다. 그에 따르면 캄보디아에 불법적으로 북베트남이 건설한 군사기지를 캄보디아 정부의 허가 하에 공격했다고 주장한다. 또한 미국은 캄보디아 공산주의자들과 싸웠고, 이를 위해 캄보디아 정부를 지원했기 때문에 크메르 루즈의 대량 학살에 책임이 없다는 것이다.

키신저의 베트남 전쟁에 대한 평가는 이 책의 목적에 부합하지 않지만, 그의 말대로, 베트남 전쟁이 첫 단추가 잘못 끼워졌음은 분명하다. 키신저는 "베트남은 처음부터 미국의 실수였으며, 미래의 미국 대통령은 분명한 이해 관계가 없는 분쟁에 미군을 투입해서는 안 된다"고 강조한다. 베트남 전쟁이나 아프간 전쟁 등 각지에서 벌어진 대리전이 미국의 포괄적 전쟁범죄임은 분명하고, 이러한 맥락에서 베트남 전쟁의 과오는 미국의 전쟁범죄이지 1인의 각료가 그 책임을 질 수는 없는 문제이다. 이번 러-우 전쟁 역시 미국에 의한 대리전으로 볼 때, 베트남전과 매우 유사하다. 키신저의 조언대로, 미국은 러-우 전에 미군을 투입하지 않음으로써 단 한 명의 미군의 희생 없이 러시아를 전쟁에 휘몰아 넣었으니, 일견 미국은 베트남 전쟁, 아프간 전쟁의 교훈을 잘 배우고 실천한 셈이다. 하지만 베트남 전쟁의 참화를 겪은 키신저는 이번 전쟁의 미국 책임론에 동의하는지, 미군이 투입되지 않은 것으로 만족할 것인지 묻고 싶다.

02

"죽의 장막, 철의 장막을 열다"

- 데탕트(détente)의 시작

2차대전 후반부터 시작된 미소의 대립 상황은 1958년 베를린 위기와 1962년 쿠바 미사일 위기로 정점에 달한다고 볼 수 있다. 핵전쟁의 직전까지 간 미소 간의 팽팽한 대결 구도 속에서 베트남 전쟁은 미국에게 있어서 하나의 탈출구와 같았다.

우리는 데탕트라는 단어에서 우선적으로 미소 간의 긴장 완화를 떠올리지만, 닉슨의 중국 방문과 더불어 미중동맹이 그 시작을 장식했다. 닉슨의 가장 큰 외교 정책의 목표는 데탕트를 통해 소련과 보다 정상적인 관계를 구축하려는 것이었다. 닉슨의 데탕트 정책은 소련의 내부 정치 구조가 아니라 소련의 국제적 행동을 바꾸는 데 초점을 맞추고 있었으나, 군비 제한 협상을 처음부터 염두에 두었다. 하지만 그것을 연결하는 것은 쉽지 않았다.

이러한 거대 전략 하에서 키신저는 제3세계의 공산화를 막기 위해 베트남 전쟁을 불사하는 한편, 비공식 채널로는 소련 및 중공과의 관계 개선을 위해 발빠르게 움직이고 있었다.

> 중국의 개문(opening)을 향한 키신저의 접근법은 … 홀로코스트의 어린이로서, 나폴레옹 시대 통치술의 학자로서, 위대한 세력뿐만 아니라 위대한 인간들이 세계를 형성했다고 느꼈다. 또한 비밀이 그에게는 자연스러운 통제의 도구였다. … 미국과 중국이 소련에 대해 동일한 걱정을 공유했기 때문에 종국적으로 전략적 관계가 발전할 것 같았다.[01]

    1969년 봄, 중국과 소련 사이에 갈등이 불거지자 닉슨과 키신저는 중국에 회담을 제의했다. 닉슨은 베트남 전쟁이 중국의 팽창주의의 표명이라 생각하고 중국과의 관계 개선에 대한 생각을 바꾸었다. 좀처럼 특사 파견 등이 원활히 이루어지지 않는 가운데, 1971년 일본에서 열린 세계탁구대회에서 탁구선수 글렌 코원이 중국 친구와 티셔츠를 주고받는 사건이 발생했고, 이것을 워싱턴의 신호로 인식한 중국은 미국팀을 베이징에 초대하면서 핑퐁 외교가 시작된다. 일주일 후 저우언라이 수상은 미 대통령의 특사나 미국 무장관, 아니면 미대통령을 베이징으로 초대하겠다고 말한다. 이때

---

01 강성학, 같은 책, 412쪽

닉슨은 키신저를 특사로 보낸다. 키신저의 1, 2차 중국 방문은 성공적이었고, 이 1971년 7월과 10월 중국 비밀 여행은 양국 사이의 관계정상화에 크게 기여했다. 이때 닉슨과 마오쩌둥 사이의 1972년 정상회담(1972년 2월 21일)을 위한 방향이 마련되어 23년간의 외교적 고립이 끝이 나며, 키신저의 인기는 닉슨을 앞질렀다. 오늘날에 이르기까지 키신저는 중국 지도자들에 의해 '중국 인민의 오랜 친구'로 불리고 있으며, 키신저 역시 친중 인사로 미국 내에서 비난 받기도 한다.

키신저 외교의 정점은 베트남 전쟁의 혼란과 중국과의 핑퐁외교 와중에 소련과 SALT 회담 개최를 성사시키고, ABM 논의를 성사시켰다는 것이다. 이것은 핑퐁외교로 물꼬를 튼 데탕트를 확고히 한 것으로서 닉슨-키신저의 큰 공으로 치부된다. 1972년 닉슨의 모스크바 정상회담을 앞두고 키신저는 모스크바를 방문했는데, 닉슨이 원한 베트남 문제의 해결은 보지 못했고, SALT에 관한 진전을 보았다. 닉슨은 베트남이 우선순위의 앞에 있음을 강조했으나, 드디어 키신저를 향한 뉴욕 타임즈 등 언론과 대중의 환호는 엄청난 것이었다. 1972년 5월 26일 닉슨과 브레즈네프의 정상회담은 대성공이었다.

SALT(Strategic Arms Limitation Talks), '전략무기제한협정'이라고 불리는 이 협정은 미국과 소련이 대륙간탄도미사일, 잠수함발사탄도미사일, 장거리폭격기 등 전략무기를 수량적으로 제한할 목적으로 맺은 협정이다. 1969년부터 1979년까지 열렸는데, 1972년 5월 모스크바에서 닉슨과 브레즈네프가 제1차 전략무기제한협정에 조인하면서 철의 장막이 열린 것이다. 주요 내용은 미소 양국의 ABM 기지는 2곳에서 1곳으로 축소하고 수량도 100기로 제한하고, 미국은 ICBM 1054기, SLBM 710기로 제한하고, 소련은 각각 1618기, 950기로 제한한다는 내용이다.[02]

결국 1973년 "중국에 대한 문호개방과 소련과의 긴장완화와 더불어 베트남 전쟁을 종결시킴으로써 키신저는 지구적 안정의 3각 외교를 창조하는 데 기여"했다.[03] 베트남 전쟁으로 미국 내부에서 많은 질타와 비난이 있었으나 키신저는 데탕트를 주도하며 베트남에서 빠진 모순을 외부 해결책으로 무마했다. 실로 훌륭한 외교전술이었다고 평가된다. 베트남 전쟁을 종식시킨 공로로 노벨평화상[04]을 받았으나, 실상은 그의 노벨평화상은 데탕트에 공헌한 것에 돌아가는 것이 옳았다.

---

02 SALT 2차협정은 1979년 6월 18일 빈에서 조인되었다. SALT 1차협정의 전문은 부록에 첨부되어 있다. **[부록 4]**

03 강성학, 같은 책, 510쪽

04 키신저는 베트남 전쟁이 시작부터 잘못되었다고 말하고 있으나, 키신저의 마무리도 결코 아름답지는 못했다. 닉슨의 당선을 위해 남베트남이 협상을 결렬시키는 공작이 이루어졌고, 역시 닉슨의 재선을 위해 레둑토와의 비밀협상을 통해 휴전협정이 선거 전에 이루어지도록 했다. 라오스와 캄보디아 공격 및 마지막 북베트남 폭격은 닉슨에게 전적인 책임이 돌아가도록 유도되었다. 데탕트 수립은 키신저의 큰 공로이다. 하지만 베트남 전쟁의 종식과 관련한 노벨상 수상은 당시 '노벨 전쟁상'이라 명명되는 등 현재에 이르기까지 구설수로 회자된다. 더욱이 키신저의 노벨평화상 수상 후 북베트남이 남베트남을 침공하여 공산화시켰기 때문에 평화상을 무색하게 만들었다. 베트남 전쟁 당시 키신저의 행적에 관해서는 강성학의 책 『헨리 키신저』의 제12장에 자세히 기술되어 있다.

03
"셔틀외교로 중동의 평화 찾다"

- 미국의 중동 외교

캠프데이비드 협정은 이집트와 이스라엘 간의 평화협정으로 1978년 이루어졌고, 시나이 반도는 비무장지대가 되었다. 협정을 이끌어낸 이집트의 안와르 사다트와 이스라엘의 메나헴 베긴은 그해 노벨평화상을 수상했다. 협정의 조율은 키신저에 의해 이루어졌다. 1973~74년 닉슨 대통령이 워터게이트 사건으로 연일 고통을 겪는 동안 키신저는 노벨평화상과 더불어 최고의 인기를 구가하며 중동 문제 해결에 착수한 것이다. 1974년 1월 제네바 회담에 시리아는 참석하지 않았지만 2년간 키신저의 셔틀외교의 시작점으로 기록된다. 중동을 11차례 방문하며 수에즈 운하와 이집트 전선에서 이스라엘 병력을 철수시키는 데 성공했다. 이집트의 사다트 대통령과 이스라엘의 골다 메이어 수상 간의 평화 서신 교환을 통해 시나이 반도의 철군을 이끌어냈고, 키신저는 미국과 중동의 영웅이 되었다. 소련만이, 미국이 중동을 다룰 때 소련과 합동으로 일할 것이라는 과거의 이해를 무시했다는 불평을 했다.[01]

셔틀외교의 대명사가 된 캠프데이비드 협정이란 무엇인가. 1948년 5월 이스라엘 건국은 1300여년 동안 팔레스타인에 살고 있었던 아랍인에게는 증오와 전쟁의 시작이었다. 히틀러의 홀로코스트를 피해 탈출한 60만명의 유대인이 다비드 벤구리온의 기치 아래 독립을 선포하자 이웃 아랍국 이집트, 요르단, 시리아가 침공했고, 이스라엘이 승리로 독립(1차중동전쟁)을 확정지었으나 팔레스타인 분리독립은 이뤄지지 않았다. 2차 중동전쟁은 1952년 이집트에서 쿠데타로 집권한 나세르 대통령이 1956년 수에즈운하를 국유화하자 이스라엘이 영국, 프랑스와 이집트를 침공한 사건으로, 미국과 소련이 조정에 들어가면서 나세르의 판정승으로 끝났다. 하지만 나세르는 군사력만으로 서방의 후원을 받는 이스라엘을 이길 수 없다고 느꼈다. 팔레스타인 지역의 유대인 인구가 230만명으로 늘어나자 이스라엘은 국가체제를 갖추고, 학대받게 된 아랍 원주민들은 1964년 팔레스타인 해방기구[PLO]를 공식 출범시켜 이스라엘에 맞섰다. 3차 중동전쟁은 이집트가 수에즈 운하와 티란 해협을 봉쇄하자 67년 6월에는 이스라엘이 단독으로 이집트, 요르단, 시리아를 선제 공격해서 대승을 거둔 전쟁으로 이스라엘이 시리아의 골란고원, 요르단의 동예루살렘과 서안, 이집트의 수에즈운하를 포함한 시나이반도를 점령하게 된다. 나세르가 사망하고 사다트가 집권하게 되자 이집트는 아랍민족주의보다는 실용주의를 택

---

01 강성학, 앞의 책, 567쪽에서 재인용

한다. 사다트는 이스라엘과의 화해를 위한 전쟁이 필요하다고 결심하고, 73년 유대교 최대 명절 속죄일(욤키푸르)에 수에즈운하 탈환을 감행한다. 4차 중동 전쟁이라고 불리는 이 전쟁은 누가 이겼다고 할 수 없는 전쟁으로 사다트는 중동 평화 노력을 시작하는데, 이러한 와중에 키신저는 이집트와 이스라엘을 부지런히 방문하며 그 메신저 역할을 한다.

때는 데탕트가 무르익고 있었던 70년대 초였기에, 아랍과 이스라엘을 화해시켜야 한다는 공감대가 국제적으로 형성되기 시작한 것이다. 1974년부터 미국 실용외교의 대명사인 키신저가 셔틀외교를 시작해서 문제 해결을 촉구했으며, 77년 메나헴 베긴이 이스라엘 총선에서 승리하면서 양국 간 화해 무드에 힘을 보태게 된다. 77년 11월 사다트는 이스라엘을 전격 방문하는데, 이 방문은 72년 닉슨의 중국 방문만큼이나 세계의 주목을 받았다. 궁극적 결실이 캠프데이비드 협정이다. 지미 카터 대통령이 안와르 사다트 이집트 대통령과 메나헴 베긴 이스라엘 총리를 캠프데이비드에 무기한 초대하여 13일간 중동평화 협상을 하여 수천년 역사 종교전쟁을 종식하는 협정을 이끌어냈다(1978.9).[02]

이집트와 이스라엘의 셔틀외교가 성공적이었던 것에 반해, 그 이전에 진행된 시리아-이스라엘 셔틀외교는 만만치 않았다.[03]

---

02 협정은 이스라엘에 좀더 유리했다고 볼 수 있다. 하지만 사다트도 시나이 반도를 돌려받고, 이스라엘과 적대관계를 청산했으며, 미국의 원조를 받는 등 모두가 만족할 만한 협정이었다. 온 세계가 중동의 평화에 기뻐했으나, 아랍 세계는 아니었다. 이집트는 아랍 세계에서 고립되고, 사다트는 결국 81년 과격파에게 암살당하고 만다. 함규진, 앞의 책, 347쪽

03 강성학, 앞의 책, 587쪽

1974년 아랍지도자들은 키신저에게 시리아-이스라엘 전선에 대한 철수를 얻기 위해 셔틀외교를 요청했다. 하지만 시리아의 아사드 정권은 골란고원의 절반과 73년에 상실했던 모든 영토를 돌려받는 조건을 제시했고, 이스라엘도 전혀 양보가 없었다. 워터게이트 사건으로 탄핵 청문회를 하는 와중에도 닉슨은 이스라엘인에게 키신저의 제안들을 수용하라고 요구하는 위협적인 편지를 썼고, 응하지 않을 시 모든 원조를 끊어버리라고 명령했다. 이에 합의에 도달할 수 있었다. 1975년 키신저가 보기에 이스라엘의 비융통성 때문에 시나이 제2회담은 결렬되었다. 34일 간 41번의 비행을 통해 가까스로 협정에 이를 수 있었다.

키신저는 워터게이트를 피해 셔틀외교를 연장했다는 비난도 받았지만, 시리아와 이스라엘, 이집트와 이스라엘의 합의를 이끌어 낸 것으로 미국의 영웅이 되었다. 이러한 언론의 찬사는 워터게이트의 폭풍우 속에서도 키신저만큼은 건재하게 하였다. 닉슨의 국무장관임에도 워터게이트 스캔들 동안 셔틀외교에 전념하며 국내에 있지 않았던 것은 키신저의 하나의 전략이었다. 결국 닉슨은 사퇴하고 부통령인 포드가 대통령직을 인계했지만, 키신저는 포드의 국무장관으로 승승장구한다.

워터게이트에 대해 키신저는 죄가 없는가? 월터 아이작슨은 다음과 같이 언급한다:

> 도청은 FBI를 통해서 이루어져 적어도 당시에는 합법

적이었으나 워터게이트는 비밀 헌금에 의해 자금이 조달된 명백한 불법적 강도 작전이었다. 키신저는 닉슨의 강경 발언에 따라 역할을 수행했고, 적들에 대한 닉슨의 편집증에 영합했다. 그것이 대통령의 이너서클이 되기 위해 지불해야 할 대가라는 것을 알았기 때문이다."[04]

키신저는 중국과 데탕트 외교를 이끌어 당대 최고의 외교전략가라는 칭송을 들었으나 "미국의 이익을 위해서 약소국쯤은 쉽게 짓밟아 버리는 책략가이자 비밀외교의 신봉자라는 악평에 시달렸다. 소련 공산진영 봉쇄를 목표로 피노체트 정권 같은 독재 정권 지원도 마다하지 않았고, 베트남전쟁을 장기화해 무수한 인명 피해를 낳았다는 논란에서도 자유롭지 못하다."[05] 그는 칠레의 피노체트 반공 군사독재정권뿐만 아니라 파키스탄 군사정권도 지원했고, 인도차이나에서 캄보디아 폭격으로 수 만명의 민간인 희생자를 내기도 했다.

이미 언급한 바와 같이 키신저의 외교적 공로로 칭송받는 업적들은 대부분 그의 과(過)에도 속한다. 키신저는 베트남 전쟁의 종식에 기여했다고 하여 노벨평화상까지 수상하였지만, 베트남 전쟁은 그의 대표적 전쟁범죄로 꼽히기도 한다. 언론인이자 평론가로서 세계의 대표 지성인 중 한 명으로 꼽히는 크리스토퍼 히친스는

---

04 강성학, 같은 책, 596쪽에서 재인용

05 신석호, '키신저, 선인가 악인가', 주간동아 1072호, 2017

『키신저 재판The trial of Henry Kissinger』이라는 저서를 통해 키신저의 행적들은 전쟁범죄에 해당되며 뉘른베르크 원칙에 따라 판결을 받아야 한다고 주장한다. 기소해야 할 범죄를 구체적으로 논술하는 히친스의 주장은 모든 논거를 구체적으로 들고 있어, 키신저에게는 단순한 불명예 이상의 것이다. 하지만 키신저가 관여했던 사건들은 상기 책의 역자가 언급하듯 '착한 미국의 제국주의적 본질'과도 관련이 있으므로,[06] 이것이 미국 행정부의 과인지 키신저의 과인지 생각해볼 필요가 있다. 또한 일련의 대리전 및 미국의 악행과 이번 우크라 사태와도 무관하지 않다는 점도 주목할 필요가 있다.

따라서 키신저 외교의 공과(功過) 논쟁, 즉 키신저가 닉슨 행정부와 포드 행정부의 국가안보보좌관이었던 시절의 행적을 따라가 보며 그의 외교정책이 실제로 어떻게 현실에 반영되었는지, 현재 갑론을박 중인 그의 공과가 과연 합리적인지 살펴볼 수 있다. 그의 과오로 비난받고 있는 사건들은 칠레 내전 개입[07], 방글라데시 내

---

06 히친스, 앞의 책, 6쪽. 역자 안철흥은 노엄 촘스키, 에드워드 사이드를 인용하고 있다.

07 베트남의 전화가 끝나지 않은 상태에서 칠레의 문제가 테이블에 올라왔다. 키신저와 CIA 헬름스 국장에 따라 '위원회 40'이 '루브 골드버그 방식' 계획에 동의한 것이다.(강서학, 앞의 책, 383쪽) 즉 1970년대 칠레에서 벌어진 사건은 명백한 미국의 개입을 보여주고 있는 것이다. 냉전이 가열되던 시기 미국의 정책은 항시 소련을 견제하고 사회주의 국가가 건설되는 것을 막는 것이었다. 전세계 국가들이 민주주의 국가가 되도록 돕는다는 허울 아래, 사회주의 당이 집권하려고 할 때 그것을 은밀한 방법으로 저지하는 것이 주된 정책 방향이었다고 볼 수 있다. 칠레에 살바도르 아옌데 정권이 들어서려고 할 때 닉슨 대통령은 민주주의로의 전복을 획책했다. 아옌데의 집권을 막기 위해 닉슨은 다음과 같은 대응 방안을 마련한다: "대사관이 개입해서는 안 된다. 1천만 달러를 사용할 수 있고, 필요하면 더 사용해도 좋다. 우리는 최고 정예요원을 확보하고 있다. … 경제가 비명을 지르게 만들어라. 48시간 내에 행동 계획을 완성하라." 키신저는 아옌데 정권을 군사 쿠데타로 전복하기 위해 유명한 '두 궤도' 정책을 고안했다. 궤도1은 '위원회 40 the 40 committee'이 고안한 반아옌데 선전 정치 프로그램을, 궤도2는 칠레 군사 쿠데타를 지원

전 개입[08], 그리스 정권의 키프로스 개입[09], 인도네시아의 동티모르

하고 도발하기 위해 수행된 비밀활동을 의미한다.(히친스, 앞의 책, 110~111쪽) 결국 키신저를 비롯한 닉슨 정권과 CIA의 지원을 받아 1973년 쿠데타를 일으켜 아옌데 정부를 전복하여 정권을 잡은 피노체트는 좌익분자를 척결한다는 명분으로 다른 국가들의 군부 독재자들과 반정부인사들에 대한 정보를 교환하고, 미국과 '콘도르 작전'으로 알려진 합동작전을 주도했다. 키신저는 지속적으로 피노체트를 후원했으나 쿠데타 독재 정권이었기에 은밀히 이루어졌다. 피노체트 정권은 1974년부터 1989년까지 지속되었으나 재임기간 중 3197명이 정치적 이유로 살해되었고, 수만 명이 고문 및 강제 추방되었다. 1998년 영국 사법당국에 의해 체포되었으나 형 집행 전에 사망한다.

08 키신저의 큰 공적으로 치하받고 있는 미중 외교를 보면, 1971년 4월 미국 탁구팀은 북경 시합 초청장을 받는데, 베이징 주재 파키스탄 대사를 통해 미중 외교의 물밑 작업이 이루어지고 있었던 것이다. 이 당시 방글라데시에서 벌어진 내전에 미국이 개입하고 있었고, 키신저가 깊이 관여하고 있었음은 물론이다. 방글라데시 내전은 1947년 영국으로부터 인도와 함께 독립한 파키스탄이 동파키스탄과 서파키스탄으로 분리되어 갈등하다가 1970년 폭력시위가 발생하면서 1971년 동파키스탄이 방글라데시로 독립하게 된 사건이다. 1975년 방글라데시에서 다시 군사쿠데타가 일어났고, 라만 장군이 집권했는데, 라만은 총선에서 승리했으나 일가족 40명과 함께 살해당한다. 라만 정권의 전복과 암살에 CIA 개입 여부가 조사되었고, 예일대 리프슐츠 교수의 연구에서 '두 궤도' 계획이 방글라데시에서도 수행되었다고 밝혀졌다. 쿠데타 주도 세력이 미국과 모의했음이 드러났고, 키신저의 개입도 마찬가지였다.(히친스, 앞의 책, 103~108쪽)

09 그리스 군사정권의 키프로스 개입에 있어서도 키신저의 역할이 보고되었다. 키신저가 닉슨 정부와 존슨 정부의 국가안보보좌관을 맡았을 당시 '위원회 40'을 총괄하고 있었기 때문에 당시 일어났던 모든 외교 안보적 결정에 개입했다는 것은 당시 이미 밝혀졌다.(1948년도 결성된 이 위원회는, 공개적으로 알려진 바에 따르면 비밀 작전을 감시하였고, 국가안보회의(National Security Council)가 설립한 지침의 번호를 따서 54/12 그룹으로, 존슨 행정부에 의해 303 위원회로 알려졌고, 닉슨 대통령과 포드 대통령 휘하에서는 '위원회 40'으로 알려졌다. 이 위원회는 CIA 내에서도 비밀 작전 수행을 실행 감시했고, 아옌데 대통령 선거를 막기 위해 350,000달러 지급을 은밀히 승인하는 등의 작전을 수행했다. Wise, David. 'The Secret Committee Called '40'', The New York Times, 1975. 1. 19.) 그리스와 튀르키예 밑에 있는 섬으로서 역사적으로 두 나라의 부침을 많이 겪던 키프로스에 그리스의 지원을 받은 혁명정권이 들어서고 정교의 수장인 마카리오스가 대통령이 되자 키신저는 미국의 공식적인 혐오감을 표출하고 비밀채널을 이용하여 암살 음모의 공범이 된다. 키프로스에서 발생한 쿠데타에 대해 키신저는 "우리는 소련이 튀르키에 정부에 침공하라고 말한 것으로 알고 있다."는 놀라운 주장으로 나토 군대가 소련의 사주와 미국의 원조를 받아 침공을 저지른 것으로 만들었다.(히친스, 앞의 책, 163쪽)

침공[10] 등이 있다. 키신저에 대한 평가가 양극단에 있는 것은 당연하다. 그의 외교력을 칭송하는 사람들이 있는 반면, 그에 의해 자행되었던 피치 못할 살상들이 존재하고 있는 것이다.

이 책은 물론 키신저의 일대기를 밝히는 책은 아니지만, 그의 전쟁 범죄라고 일컬어지는 공작 및 이로 인한 학살 행위에는 하나의 공통점이 있다. 이미 언급한 바와 같이 '착한 미국의 제국주의적 본질'에 대한 믿음이다. 다시말해 민주주의 신봉에 대한 믿음, 공산주의 근절에 대한 믿음이 당대 냉전 시대의 미국 외교정책의 근간이었고, 키신저 역시 그것을 외면할 수는 없었다. '러시아를 약화시키라'는 오랜 외교 전통이 오늘날 우크라이나 사태에 역할을 담당했듯이, 당대에 소련의 사회주의가 도미노 현상처럼 남미와 아프리카, 아시아에 전파되는 것을 막는 것은 민주주의를 수호해야 하는 미국의 의무처럼 받아들여졌던 것이다. 하지만, 과연 미국

---

10 인도네시아 군도 중 하나인 동티모르는 탈식민지화 이후 동티모르 해방전선이라는 좌익 세력이 주도권을 장악하는데, 1975년 인도네시아 정규군은 군대를 투입하여 동티모르를 인도네시아 영토라고 선포했고, 동티모르인들은 인도네시아 침공에 맞서 저항하면서 동티모르 전체 인구의 6분의 1인 10만여 명이 사망하는 사태가 벌어진다. 인도네시아의 동티모르 침공을 승인했는지 묻는 기자들의 질문에 대해 포드 대통령은 대답을 회피했으나, 키신저는 "미국은 동티모르 해방전선이 선포한 공화국을 인정하지 않을 것이며, 미국은 그 문제에 대한 인도네시아의 입장을 이해하고 있다"고 말함으로써 동티모르에서 벌어진 대량 학살, 강간, 굶겨죽이는 행위 등의 잔악행위를 인정하는 셈이 됐다. 무엇보다도 그는 인도네시아에 대한 무기 공급을 승인했기 때문에 동티모르 학살에 개입한 셈이다.(같은 책, 168쪽. 이 책에서는 1995년 8월 키신저의 『외교』출간 기념 행사에서 나온 동티모르 관련 질문을 의미심장하게 다루고 있다. 한 비보르인은 이날 인도네시아가 동티모르를 침공하기 전날 키신저가 인도네시아에서 무엇을 했는지 묻는다. 그리고 당시 키신저와 포드 대통령이 인도네시아의 독재자 수하르토 대통령과 티모르 침공문제를 협의하고 승인했음이 밝혀진다.) 키신저는 동티모르의 이러한 참사에도 불구하고 동시에 이루어졌던 앙골라 문제에 더 관심을 가졌다. 키신저는 앙골라의 공산화를 막기 위해 자금 투입을 원했으나 상하원의 반대로 이루어지지 않았고, 앙골라는 소련식의 마르크스주의적 경제가 되었다. 키신저는 아프리카 문제에 대해 새로운 정책이 필요하다는 것을 느꼈다.

에게 매수된 쿠테타 세력, 조작된 민주주의가 그들에게 진보된 민주주의를 안겨주었는가.

   70년대 미국의 정책과 행태가 반복된 것이 현재 우크라이나 사태이다. 2022년 벌어진 사태, 실상 2014년부터 공작된 우크라이나 사태는 겉보기에는 '착한 미국'의 약소국 주권 찾아주기 운동이며, 더 정확하게는 러시아를 분쇄하려는 제국주의적 횡포가 아직까지 작용한 것으로 볼 수 있다. 필자는 이 책을 통해 자국의 이익을 위해 봉직한 키신저를 비난하거나 옹호하려는 생각은 없다. 명석한 두뇌로 일찍이 공직에 올라 미국의 외교 정책을 주도하며 자신의 위치에서 국가의 이익에 봉사하려고 최선의 노력을 다한 것은 인정해야 할 것이다. 다만 닉슨과 포드 행정부에서 벌어진 수많은 사건에 대한 평가는 이 책이 아닌 다른 곳에서 이루어져야 할 것이다.

1. "우크라이나는 평화를 위해 영토를 양보해야 한다"
 - 양보와 포기를 통한 세계 질서 유지

　키신저는 2022년 5월 23일 다보스 포럼에서 "우크라이나는 전쟁의 종식을 위해 영토를 양보해야 한다"는 발언을 했다. 우리는 당시 많은 논란이 되었던 이 발언의 근거를 알아보기 위해 이 책에서 소위 '키신저 외교'의 발원지를 탐구하였다. 이미 살펴본 바와 같이 키신저는 세계사에 있어서 여러 전쟁과 그 전후 처리 과정을 분석하며 세계의 질서가 어떻게 형성되는지 연구하였다. 그는 박사학위 논문을 통해 나폴레옹 전쟁을 살펴보았고, 나폴레옹 전쟁 후 100년 간 이어진 세계의 평화에 주목했다. 그것은 빈 체제, 혹은 유럽협조체체라고 불리는 메테르니히 주도의 전후 처리 과정에 의

거한 것이었다. 세력 균형과 이에 의한 질서를 중시 여긴 메테르니히는 패전국인 프랑스를 도외시하지 않고 유럽체제 안에 포함시켜 러시아를 견제하며 팽팽한 힘의 균형을 통해 질서가 유지되게 한 것이다.

키신저는 제1차 세계대전과 그 전후 처리 과정도 분석하였다. 1차대전 이후 전후처리를 위해 체결된 베르사유 조약은 추축국에 매우 불평등한 조약으로 독일은 나라의 많은 부분을 잃고 경제적 파탄을 겪게 된다. 패전국에 대한 가혹한 판결은 제2차 세계대전의 불씨가 되었고, 전쟁이 종식된 지 20년 만에 독일의 히틀러가 부상하게 되었던 것이다. 패전국을 포용하지 못한 것만이 전후 처리의 문제가 아니었다. 미국의 참전과 승리가 불러일으킨 윌슨식 이상주의 확산은 미국이 빠진 국제연맹 결성 등으로 참담한 결과를 가져왔다. 키신저의 뇌리에 이 두 전쟁에 대한 비교가 명백한 외교 철학으로 자리잡았을 것임은 분명하다.

키신저의 학문적 흐름을 보면, 메테르니히 체제를 보며 세력 균형을 통한 세계 질서와 평화 유지의 중요성을 느꼈을 것이고 이에 따라 유럽의 질서를 유지하는 것이 세계 평화에 기여한다는 것을 깨달았다. 하지만 1차대전을 겪으면서, 미국의 역할론이 부각되고, 세계 질서를 유지하는 세력 균형이 강대국 주도로 이루어져야 하며, 유럽과 미국의 연대가 불가피함을 느꼈다. 특히 국제연맹의 실패와 윌슨식 이상주의의 실패가 큰 교훈을 주었는데, 이상주의적 인식하에서 세계 질서는 유지될 수 없으며, 무력을 바탕으로 한 세력 균형이 현실적임을 직시했을 것이다. 이에 따라 그는 하버드 졸업 후, 넬슨 록펠러와 아이젠하워를 향해 내 놓은 20여 편의 논문을 통해 국지전에서의 핵무기 사용 및 소련과의 군비경쟁에서 우위를 점하기 위한 강경 노선을 택했던 것이다.

1923년 생으로서 나치의 압박을 피해 미국으로 이주한 키신저는 그야말로 제2차 세계대전의 참화를 실제로 겪었고, 젊은 시절 제2차 세계대전 전후 처리 과정을 지켜보았다. 제1차 세계대전을 교훈 삼아, 국제연합과 나토가 결성되었고, 군사력을 동원할 수 있는 집단안보체제의 구성에 대해 키신저는 찬성을 보냈다. 국가 간의 동맹 시스템에서 집단안보체제로 확실하게 바뀌게 된 것이다. 특히 미국이 배제되었던 국제연맹과는 달리 미국과 유럽을 안보적으로 통합시키는 시스템은 단순히 소련을 견제한다는 목적 이상의 역사적 패권을 바꾸는 일이었다. 19세기까지 전세계 역사의 패권을 가지고 있었던 유럽은 이제 미국에게 그것을 내어주고, 미국의 안보 우산 아래로 들어가게 된 것이다. 키신저는 소련이 2차대전에서 같은 연합국이었을지라도 장기적으로 미국과 견줄 상대국이었으므로 견제정책을 쓰는 것이 옳다고 판단했기 때문에, 미국과 유럽을 결속시키는 대서양 조약과 '나토' 결성은 힘의 균형이라는 측면에서 그의 이론에 매우 부합하는 것이었다.

키신저는 베트남 전쟁에 대해서는 매우 부정적인 생각을 가지고 있다. 국가의 이익에 부합하지 않는 전쟁이었기 때문이다. 그는 이미 이전 정권에서 일으킨 베트남 전쟁을 마무리하기 위해 노력하는 한편 국민 여론을 악화시킨 베트남 전쟁의 시각을 전환시킬 수 있는 대외교전략을 구사했는데, 그것이 미중 수교였다. 핑퐁 외교로 알려진 저우언라이와 키신저 간의 밀회를 통한 미중수교의 완성은 세계사를 다시 쓰게 했고, 뒤이어 소련과의 관계 개선도 이루어지면서 데탕트의 시기를 시작한다. 아무리 사이가 좋아졌다 할지라도 소련과 중국은 막강한 저력을 가진 나라들이므로 키신저는 자신의 세력 균형 전략을 놓지 않았다. 동시에 친중, 친소 관계를 꾸준히 유지했는데, 이 모든 전략은 '키신저 외교'에 근거한 것이다.

  키신저의 친중, 친소 관계에 대해 일각에서는 비난의 목소리를 내고 있으나, 우리가 살펴본 키신저의 외교철학에 따르면 미국의 실리를 위해, 또 세계의 질서를 위해 중국과 소련은 건재해야만 하는 나라들이다. 이러한 이유로 나토가 소련을 견제하는 동시에 미국과 유럽을 연계하는 좋은 집단안보체제임에도 키신저는 나토의 동진에 대해 끊임없이 경고했다. 나토의 동진은 비단 약속을 어기는 것일 뿐만 아니라 소련이라는 지구상의 최대국, 11시간대를 가진 나라를 자극하는 좋지 않은 전략인 것이다. 더구나 중국의 부상은 미국으로 하여금 중국 견제라는 더 큰 목표를 갖게 만들었기 때문에, 키신저는 미국 대통령, 특히 트럼프와의 대화에서 '러시아를 내 편으로 만들어 중국을 견제하라'는 대중, 대러 전략을 제안한 것이다. 어느 한 나라가 지나치게 강대해지거나, 지나치게 쇠락하는 것은 평화의 유지라는 관점에서 볼 때 매우 위험한 것이기 때문이다.

  키신저가 2014년부터 우크라이나에 대해 경고해 왔던 것은 우연이 아니다. 키신저는 우크라이나가 핀란드와 같이 중립국이 되어야 한다고 주장해왔다. 이러한 주장은 바로 러시아의 주장과 정확히 일치하는 것이었다. 러시아는 나토국과 국경을 맞대는 것에 대해 90년대부터 반대해 왔으며, 우크라이나와 조지아는 레드라인이라고 경고해왔다. 러시아가 주장하는 것은 나토 전략무기를 배치하지 않는 완충국이므로 우크라이나가 중립국이 되는 것이 가장 이상적이다.

하지만 이미 많은 미국의 학자들이 주장한 바와 같이, 미국의 권유 및 조장에 의해 나토 가입을 추진한 우크라이나는 나토 가입에 대한 뜻을 지속적으로 고수했으며, 2021년 바이든 행정부와 '전략적 파트너십 공동 성명'을 맺으며 나토와 합동 훈련을 하는 등 러시아를 도발하여 2022년 2월 러시아는 특별군사작전으로 우크라이나 키예프를 침공하였고, 이후 전쟁으로 확대되어 현재에 이르고 있다. 이에 키신저는 전쟁이 벌어진 이상 핵전쟁으로 확전될 가능성이 농후하다고 판단하였다. 키신저는 푸틴을 평화협상에 이끌어내는 것의 중요함을 강조했고, 종전과 평화를 위해서라면 우크라이나의 양보가 불가피하다고 보았다. 이러한 논리는 전쟁이 끝나고 전후 처리 과정에서 향후 평화를 위한 해결책으로 불가피한 원칙이며, 양국의 양보와 신뢰를 담은 협정만이 강대국들의 힘의 균형뿐만 아니라 양국의 장기적 평화도 이룰 수 있는 것이기 때문이다. 더구나 키신저는 우크라이나의 역사에 대한 언급도 감추지 않았다. 크림 반도의 역사를 알지 못하는 사람이라면 "크림 반도가 러시아 영토임을 인정해야 한다"고 쉽게 언급할 수 없는 것이다.

2022년 5월 다보스 포럼 당시 큰 파장을 일으켰던 키신저의 발언, 즉 "평화를 위해 우크라이나는 영토를 양보하라"는 자신의 반세기 외교철학을 담은 조언이었다고 결론지을 수 있다. 이 발언은 키신저의 '힘의 균형'을 통한 세계 질서 유지라는 자신의 외교 철학에 부합한다. 키신저는 이 언급에 대해 길게 설명하지 않았지만, 전쟁의 종식과 평화를 위해서 두 나라의 평화협상은 불가피하고, 모든 역사적인 맥락에서 볼 때, 우크라이나가 돈바스를 양보하는 것이 가장 합리적이라 판단한 것이다. 첫째, 돈바스 지역은 소비에트 시절부터 러시아인들이 많이 거주하였고, 친러 성향도 강하며, 스스로 러시아로의 편입을 원하고 있다.[01] 둘째, 이미 도네츠크인민공화국과 루한스크인민공화국이 탄생하여 우크라이나로부터 독립을 요구하였고, 이것을 반대하는 정부군으로부터 2014년에서 2022년까지 무수한 폭격과 살상 피해를 입었다. 셋째, 돈바스 지역이 이 전쟁의 표면적 원인으로 어떤 방식으로든 해결이 불가피하다.

키신저는 레알폴리틱의 대표자로서 현실적인 타결책을 찾는 것이 전쟁을 종식시키는 것이라 보았다. 키신저의 외교 철학적 입장에서, 세계 질서의 균형을 이루기 위해, 특히 중국의 균형추 역할을 위해 러시아가 건재해야 하며, 전쟁 종식을 위해 문제의 근원을 해소하는 것은 그의 외교철학에 타당한 것이다. 그는 적극적으로 미국 책임론을 들지는 않았지만, 그의 외교철학에서 본다면 미국

---

01 2010년 대통령 선거 당시 야누코비치가 과반 이상 나온 지역은 크림과 돈바스 지역으로 돈바스 지역이 크림보다 우세했다. 도네츠크가 76%, 루한스크가 71.1%, 크림 반도는 61.1%였다. 허승철, 306쪽

이 우크라이나를 통해 러시아를 도발하여 대리전을 치르고 있는 것은 결론적으로 미국의 이익을 매우 저해시키고 있으므로 불필요한 행보로 비춰질 수 있다.[02]

2. "이 전쟁은 러시아 자체에 대한 전쟁이 되어서는 안 된다"
　– 전쟁의 정당성 확보

문제는 1년 뒤의 발언이다. 키신저는 2023년 1월 17일 다보스에서 열린 세계경제포럼에 화상으로 참여하여 자신의 전쟁에 대한 의견을 다시금 피력한다. 특히 제자인 그레이엄 앨리슨과 30여 분간 인터뷰를 진행하는데, 여기에는 전쟁에 대한 키신저의 통찰과 전쟁 종식에 대한 그의 의견이 담겨 있다.

> 우크라이나 사태는 주권국가의 침략으로 시작되었고, 국제분쟁 해결 방법으로서 전쟁을 해서는 안된다는 나토가 정립한 원칙을 미국이 전폭적으로 지지했으며, 나 역시 이를 강력히 지지해 왔습니다. 우리는 지금 많은 목표가 이미 달성된 시점에 있습니다. 유럽에 대한 러시아의 재

---

[02] 전쟁 초기 미국은 최고의 수혜국이었으나, 현재 전쟁이 장기화되면서 많은 정세가 바뀌고 있다. 막대한 무기 지원으로 혈세 낭비에 대한 국민들의 반발이 거세지고 있으며, 경제가 악화되고, 탈달러화가 세계적으로 확산되는 등 미국의 패권국으로서의 위상은 떨어지고 있다.

래식 공격은 단결된 저항을 만나 실패할 것이며, 러시아는 재래식 수단으로 그것을 극복할 능력이 없다는 것이 입증되었습니다.

두 번째로 나토는 핀란드와 스웨덴의 가입으로 확장되었습니다. 따라서 전략적 목표가 중요한 성과를 이루었습니다. 그러나 전쟁의 결과는 전쟁이 고조되는 것을 막고 기존 수준을 넘어서는 피해를 입히는 과정에서 다양한 휴전선을 그어야 하는 곳도 포함할 것입니다. 그래서 제가 작년에 제안했던 것은, 전선에 따른 휴전은 군사 행동의 합리적인 결과이지, 반드시 평화 협상의 필수적 결과는 아니며, 휴전 조건에서 이루어질 수 있다고 생각한 것입니다. 미국은 우크라이나의 저항을 지원해 왔으며, 필요한 경우 일부 사전 논의에서 휴전 논의가 수용되거나 휴전선에 도달할 때까지 군사 지원을 강화해야 합니다.

이것의 또 다른 목적은 전쟁이 러시아 자체에 대한 전쟁이 되는 것을 방지하고 러시아가 국제 체제에 다시 합류할 수 있는 기회를 제공하는 것입니다. 이것은 냉전 기간의 대부분 동안 러시아의 압력을 받아온 국가들에게 매우 공허하게 보일 수 있습니다. 그러나 내가 기술한 새로운 상황은 러시아로 하여금 유럽 문화에 대한 매력과 유럽 지배에 대한 두려움이 혼합된 역사적 위치를 재평가하게 만들 수 있습니다. 15,000기 이상의 핵무기가 배치된 시기에 러시아가 자체 정책을 추진할 수 있는 국가로서 파괴되면 11

개 시간대의 광활한 지역이 내부 갈등과 외부 개입에 개방될 것이기 때문에 더욱 심각합니다.

따라서 이것이 내가 전쟁이 계속되는 동안 러시아와의 대화가 중요하다고 믿는 이유이며, 전쟁 전선에 도달했을 때 전쟁의 종식, 유럽, 미국, 그리고 그 시점에서 러시아가 나중에 함께 진화하는 과정에 대해 논의하면서, 제재 및 기타 압력 조건은 최종 해결에 도달할 때까지 이어져야 하는 이유입니다. 이것이 전쟁 초기에 존재했던 것 이상의 문제를 제기하고 군사적 갈등이 지속되지 않도록 함으로써 전쟁이 확대되는 것을 막는 길이라고 생각합니다.

저는 우크라이나 대통령과 우크라이나 국민의 영웅적인 행동에 찬사를 보내며 유럽과 우크라이나가 함께 노력해야 할 노력에 참여하도록 요청하고 싶습니다. 이 전쟁 전에 나는 우크라이나가 나토에 가입하는 것을 반대했습니다. 지금 우리가 보고 있는 것과 정확히 같은 과정이 시작될 것을 두려워했기 때문입니다. 이제 이 과정이 그 수준에 도달했기 때문에 이러한 조건에서 중립국 우크라이나라는 아이디어는 더 이상 의미가 없습니다. 그리고 제가 설명한 과정의 마지막에는 나토가 개발할 수 있는 어떤 형태로든 나토에 의해 보장되어야 합니다. 나는 우크라이나의 나토 가입이 적절한 결과라고 생각합니다.

그래서, 만일 러시아가 유럽 프로세스의 구성원으로 참여하기 위한 필요 조건을 충족한다면, 그리고 전쟁 종료 이후 유럽의 진화를 특징으로 하는 희망을 실현하며, 미국의 원칙에 따라 더 평화로운 세계 질서를 이끌어낸다면, 우리는 이 시대의 용기와 영웅주의가 이 시대의 비전과 맞물려 유럽 강화와 러시아 개방을 위한 과정으로 발전하기를 바랍니다.03 "

키신저의 이 2023년 1월 다보스 포럼에서의 발언 역시 큰 파장을 일으켰다. 러-우 전 초기와는 사뭇 달라보이는 어조로 대서특필되었기 때문이다. 모든 언론은 '키신저, 우크라이나 나토 가입 주장'만을 강조했기 때문이다. 하지만 우리는 그의 발언 전부를 꼼꼼하게 따져볼 필요가 있다. 키신저가 애초부터 우크라이나의 나토 가입을 반대한 이유는 중립국이 되어야 하기 때문이었다. 반대로 중립국이 된다면 나토에 가입할 필요가 없다고 생각했다. 중립국은 군사적으로 중립을 지키는 것이기 때문에 타국의 침략을 두려워할 필요도 없으며, 타국을 침략할 수도 없다. 그는 핀란드의 예를 들며, 우크라이나의 핀란드화를 적극 권장해왔다. 군사적으로 안전하며, 경제적으로 유럽이나 러시아와 자유롭게 교류할 수 있기 때문이다. 하지만, 이번에 중립국인 핀란드와 스웨덴이 나토 가입 신청을 하고 실제로 스웨덴이 가입 승인되면서, 이제 중립국이란

---

03 RM Staff, "'Kissinger's Post-War Vision Puts Ukraine in NATO but Also has an 'Opening to Russia'" *Russia Matters*, 2023. 1. 18. 이 기사는 다보스포럼에서 키신저와 그레엄 앨리슨의 대담 내용을 요약 보도하고 있는데, 특히 중요한 부분을 인용하고 있어 필자도 번역 인용한다. 대담 영상은 '세계경제포럼(World Economic Forum)' 홈페이지에서 확인할 수 있다. ("A Conversation with Henry Kissinger: Historical Perspective on War")

아무런 의미가 없어진 것이다. 키신저가 이야기한 '중립국 우크라이나는 더 이상 의미가 없어졌다'는 말은 이제 우크라이나가 중립국이 된다하더라도 나토에 가입할 수 있다면 중립국이나 나토 가입이나 더 이상 의미가 없다는 뜻이 된다.

키신저는 나토주의자이다. 나토는 자신이 일구어 놓은 집단방위체제이기도 하다. 집단안보체제가 미국의 국익에 끼친 영향은 매우 크다. 그는 우크라이나가 중립국이 되어도 나토 가입을 고집한다면, 나토에 일찌감치 가입하고 그것을 선결조건으로 러시아와 합의하는 것이 옳다고 주장한다. 특히 전쟁의 원인에 있어 우크라이나의 나토 가입 문제가 그 직접적 원인 중 하나가 되었던 만큼 그 문제 해결이 궁극적인 전쟁의 종결로 이어질 수 있는 것이다.

얼핏 보면 키신저의 작년 1월의 주장과 현재의 주장이 다른 것처럼 느껴지지만, 키신저는 동일한 논리로 이야기하고 있다. 영토의 문제가 그러하다. 키신저는 휴전선에 관해 언급한다. 그 휴전선은 현 시점에서의 전쟁분계선을 의미하고 있다. 이 선에서 평화협상을 진행할 수 있다고 말하며, 최종 해결이 될 때까지 미국은 우크라이나를 지지할 것이라고 말하지만, 러시아와도 끊임없이 대화해야 한다고 말한다. 특히 이 전쟁이 러시아 자체에 대한 전쟁이 되어서는 안되며, 러시아가 언제든지 국제사회에 합류할 수 있어야 한다고 강조한다.

그런 의미에서 마지막 단락은 매우 중요한 의미가 있다. "그래서, 만일 러시아가 유럽 프로세스의 구성원으로 참여하기 위한 필요한 조건을 충족한다면, 그리고 전쟁 종료 이후 유럽의 진화를 특징으로 하는 희망을 실현하며, 미국의 원칙을 따라 더 평화로운 세계 질서를 이끌어낸다면, 우리는 이 시대의 용기와 영웅주의가 이 시대의 비전과 맞물려 유럽 강화와 러시아 개방을 위한 과정으로 발전하기를 바랍니다." 다시 말해, 키신저는 전쟁 종료 후 평화로운 세계 질서를 위해 러시아의 개방을 바란다고 말하고 있다. 물론 그가 철저히 자국 중심주의를 벗어나지 않고 있음은 당연하다. 하지만, 러시아를 전범국으로 몰아세우기를 원치 않고, 평화로운 협상을 원하며, 러시아가 세계 질서에 편입되어 유럽의 질서가 평화롭게 유지되어야 함을 지속적으로 역설하고 있는 것이다.

이와 같은 키신저의 주장은 메테르니히 체제가 그에게 가르친 외교철학에서 조금도 벗어나고 있지 않다. 100세의 키신저는 초지일관 자신의 학문적 성취에서 이룬 외교철학을 세계 질서에 대입시켜왔고, 그것이 미국과 세계의 역사가 되었다. 현재까지 외교전략가이자 전세계 지도자의 외교고문 역을 맡고 있을 정도로 아직까지 그의 총기는 젊은 시절의 자신을 압도하고 있다.

물론 전자의 발언이든, 후자의 발언이든 미국 중심적 발언임을 부인할 수 없다. 자국의 이익을 위해서는 그 어떤 약소국의 희생도 마다하지 않는다는 강대국 중심주의, 더 나아가 미국 중심주의가 그의 외교철학에서 부정적으로 학습된 부분이 아닌가 싶다. 그의 발언이 비난 받았던 것도, 그의 외교철학의 근본적인 맹점이 '힘의 균형'이라는 단어 속에 강대국만 존재한다는 것이다. 약소국에 대한 그 어떤 배려도 포함되어 있지 않으며, 그의 이론에 따르면 약소국은 세계 질서와 평화 유지를 위해 희생되어도 좋다는 논리이다. 그것을 지나친 이기주의로 볼 것인지, 지나친 애국주의로 볼 것인지는 역사가 판단해야 할 것이다.

3. "키신저는 평화주의자다"
- 다른 맥락에서의 평화주의자, 촘스키와 키신저

필자는 전작에서 노엄 촘스키를 진정한 평화주의자로 논한 바 있다. 베트남 전쟁 이후 반전 운동에 헌신해 온 노엄 촘스키를 평화주의자로 부르는 것에 반기를 들 사람은 아무도 없을 것이다. 하지만, 헨리 키신저가 평화주의자라고? 많은 사람들은 의아함을 감추지 못할 것이다. 오히려, 히친스뿐만 아니라 미국의 많은 시민들은 그를 전쟁범죄자로 부르고 있으며, 키신저는 의회에서 봉변을 당하기도 했다.[04]

그를 전쟁범죄자로 부르는 것이 하등에 이상할 것이 없음은 우리도 이미 살펴봤다. 그럼에도 불구하고 키신저 역시 촘스키와는 다른 맥락에서 평화주의자라 부를 수 있다. 국제 질서란 궁극적으로 평화를 목적으로 해야만 하는 것이기 때문이다. 전쟁 없는 평화로운 세계를 구현하기 위해 각국의 외교가 필요한 것이고, 힘의 균형이 필요한 것이다. 적절한 힘의 균형을 유지하고 외교관 및 국가

---

04 2015년 1월 미 상원 군사위원회 청문회장에 키신저 전 장관이 입장하자 '키신저는 전범'이라는 플래카드를 든 반전단체 회원들이 키신저를 체포하라고 시위를 벌이다 끌려나간 적이 있다. 키신저는 당시 이와 관련해 "전 세계적 격변기에 미국의 역할이 필수불가결했다"고 해명했다.

수장들이 그 균형을 잘 조율해 나갈 때 '유럽협조체제'가 그러했듯 100년 간의 평화가 도래할 수 있는 것이다. 그것을 이론적으로 정리하고 실전에 대입한 키신저는 거기에 시행착오가 있었을지언정 그 자신은 힘의 균형을 통한 평화를 구가한 사람이라 볼 수 있다. 월스트리트저널에서는 100세를 맞이하는 키신저에 대한 평가에 대해서 "국무장관 시절(1973~1977) 호전적인 대외 정책으로 전쟁범죄자 타이틀을 얻은 헨리 키신저가 미국의 현재 대외 정책이 지나치게 호전적이라고 비판하자 많은 사람들이 놀라고 있다. 그는 미국의 대외 정책을 비판하면서 힘의 균형을 유지하기 위해 상대의 가치 존중을 요구했다. '우리는 언제 어떻게 끝날지, 어떤 결과로 이어질지에 대한 아무런 개념도 없이 우리가 만들어낸 문제들에 대해 러시아, 중국과 전쟁 직전에 있다'면서 낸시 펠로시의 대만 방문을 비난하기도 했다."[05]고 밝히고 있다. 키신저의 젊은 시절, 전쟁을 불사하는 레알폴리틱에서 약간은 우회하고 있는 듯이 보인다. 전쟁을 통해 자국의 이익을 추구하고 약소국의 인권을 좌시하던 그의 정책은 이제서야 본질을 찾아가고 있는지 모르겠다.

잠시 키신저와 브레진스키를 비교해 보자. 이들은 나치를 피해 서방에 정착했다는 공통점이 있으며, 하버드대학 출신으로 하버드 대학교수를 지냈으며, 국가안보보좌관을 지냈다는 공통점이 있다. 하지만 그들의 외교 정책은 정반대에 가깝다고 볼 수 있다. 이 둘은 라이벌로 비교가 되었는데, 키신저가 닉슨 대통령과 포드 대통령 시절 국가안보보좌관과 국무장관을 지내면서 데탕트를 이끌

---

05   2022년 8월 월스트리트 인터뷰 관련 기사.

고 러시아, 중국과의 세력 균형을 통한 세계질서 회복과 그로 인한 세계 평화를 구가했다면, 지미 카터의 국가안보보좌관이었던 브레진스키는 러시아를 약화시키고, 러시아를 봉쇄해야 한다고 주장한 대표적인 인물이다. 더욱이 우크라이나를 통해 러시아를 붕괴시켜야 한다는 시나리오를 70년대부터 노골적으로 밝히면서 현재 러-우 전쟁의 기초를 닦았다고 보아도 무방하다. 특히 그는 아프가니스탄 전쟁에 러시아를 끌어들인 장본인으로서 스스로 소련의 해체에 공을 세웠다고 자랑스럽게 말했던 인물이다. 아프간 전쟁과 같이 러-우 전도 미리 쓰여진 각본에 의한 것이라고 볼 때, 그 각본은 브레진스키로부터 시작되었다고 볼 수 있으며, 러우전과 관련된 미국의 네오콘들은 브레진스키의 후예들이라고 말할 수 있겠다.[06]

촘스키는 우크라이나 사태와 관련하여 전쟁 범죄를 운운할 때마다, 수많은 전쟁을 자행한 미국의 숱한 대통령들을 일례로 든다. 그는 키신저의 공과를 잘 알고 있기에 그의 전쟁 범죄에 대해서도 조지 부시 대통령과 동일 선상에서 비판하기도 한다. 그럼에도 불구하고 굳이 촘스키와 키신저를 비교한 이유는, 촘스키는 학자로

---

06 브레진스키가 국가안보보좌관 시절 가장 큰 목표는 중국과 소련을 멸망시키고 공산주의를 지구상에서 없애는 것이었다. 지나친 반공 혹은 멸공주의자였던 그는 자칭 '도덕주의 외교'를 내세웠는데, 이러한 모순적 정책이 국제 사회의 불신을 일으키고, 일부 미국 외교의 실패를 보여줬다. 다시말해, 카터 행정부는 남미에서 때로는 반공독재정권을 용인하고, 때로는 붕괴시키는 이중잣대를 사용했는데, 이는 실질적인 인권상황에는 관심이 없고 공산당을 탄압하는 것을 우선시하여 벌어진 일이나. 브레진스키의 멸공정신과 외교정책은 결국 아프간의 무자헤딘과 탈레반에서부터, ISIS, 알카에다 등 미국의 지원을 받은 게릴라 부대를 창설하게 된다. 그의 계획대로 아랍의 사회주의는 무너졌고, 시리아 정도가 남아있다. 이 반공주의의 연원이 소련을 없애야 한다는 주장에서 나왔다는 것에 주목해야 한다. 브레진스키의 영향은 카터 이후 레이건, 부시, 클린턴까지 이어지며, 버락 오바마 정부의 고문 역할을 맡기도 한다. 오바마 정부야말로 온갖 대리전을 일으킨 주범 중 하나라고 볼 때 브레진스키의 영향력은 실로 대단했다고 볼 수 있다.

서 정치 속에 있었던 인물이 아니다. 키신저는 자신이 인정한 대로 자신의 공직기간 중 미국 정부가 남미와 아시아 등에서 실수했을 가능성을 시인했다. 그는 2002년 2400여 명의 경제 관계자들이 모인 앨버트홀에서 "어느 누구도 자신이 봉직한 행정부가 실수를 하지 않았다고 말할 수는 없는 것"이라고 말했다.[07] 필자는 키신저를 옹호하고 싶은 생각은 전혀 없으며, 그가 저지른 악행이 있다면 이에 대해서는 역사만이 심판할 수 있으리라 본다. 다만 그는 학자로서 자신이 일구어낸 업적을 토대로 외교 전략을 구상하고, 그것을 바탕으로 일관적으로 평생에 임했음은 인정해야 할 것이다. 그리고 그것이 궁극적으로 세계의 질서와 평화를 위한 것임을 잊지 말아야 한다.

- 헤일브룬: 우리는 워싱턴에서 러시아 정부의 배후를 무너뜨리기로 결심한 네오콘과 자유주의 매파의 귀환을 목격했습니다.
- 키신저: 그들이 결과에 마주할 때까지 기다려봐야죠. 2차대전 종식 후 미국의 전쟁 문제는 그 전략적인 것을 국내 문제와 연관시키는 데 실패했다는 데 있어요. 2차대전 후 우리는 다섯 차례 전쟁을 치렀고, 모두 뜨거운 열정으로 시작했지요. 하지만 매파는 결국 이기지

---

07 문일, "키신저 책임론 국제이슈 대두", 국민일보, 2002년 4월 27일자

못했어요. 그들은 소수였던 것이죠. 우리가 처음부터 종식시킬 수 없다면, 또 종식을 달성하는 데 필요한 노력을 계속할 의지가 없다면 국제 분쟁에 개입해서는 안됩니다.[08]

4. "전쟁을 끝내고, 다극체제로 나아가자"
- 포스트 우크라이나 전망

 키신저는 보수주의자도 자유주의자도 아니다. 자국의 이익을 최상으로 생각하는 키신저주의자이다. 그의 우크라이나 사태에 대한 입장은 베트남 전쟁의 실패와 같이 불필요하다는 판단 하에 국제분쟁에 대한 개입 반대이다. 하지만 이미 미국은 중국 견제를 위한 균형추로서의 러시아 관계에 대한 키신저의 조언에도 불구하고 러시아를 도발하고 우크라이나 사태에 개입했다. 키신저는 전쟁 후, 즉 포스트 우크라이나에 대해서는 언급하고 있지 않지만, 이 전쟁이 베트남 전쟁과 흡사함을 떨쳐내기가 어렵다. 단지, 미국은 베트남 전쟁을 교훈 삼아, 단 한 명의 미군도 우크라이나에 투입시키지 않았고, 마지막 우크라이나인이 그 대신 목숨을 바치기를 강요하고 있다. 하지만, 미군의 희생을 제외하고 전쟁 개입에 관한 결과는 미국의 몫으로 돌아가고 있다.
 물론 전쟁 초기 미국이 최대 전쟁 수혜국이었던 것이 사실이다.

---

08 Heilbrunn, Jacob. "The Interview: Henry Kissinger". *The National Interest*. 2015.8.19

엑손 모빌과 같은 에너지 회사들, 록히드 마틴과 같은 무기 회사들은 그야말로 최대의 호황을 맞으면서 환호했고, 바이든은 국내문제를 무마하며 이제 재선까지 도전하려 하고 있다. 하지만, 경제제재를 통해 러시아를 고립시키려는 미국의 속내와 달리 러시아는 중국뿐만 아니라 인도, 튀르키예, 사우디아라비아, 브라질 등 중남미, 아시아, 아프리카, 즉 글로벌 사우스(남반구 국가들)과 연대하면서 달러 패권을 무너뜨리고 있다.

1년 여 우크라이나 사태가 불러일으킨 세계 지형의 변화는 그야말로 세계 질서라는 국제정치학적 관점에서 엄청난 파장을 일으키고 있으며, 더욱 그러할 것이다. 이 시점에서 우크라이나의 나토 가입 여부는 이제 중요한 문제가 아닌 것이다. 폐허가 된 우크라이나에 나토는 전략무기를 배치할 것인가. 키신저의 방점은 거기에 있는 것이 아니다.

현재 우크라이나에서 벌어지는 대리전으로 전세계가 몸살을 앓고 있지만, 키신저는 곧 우크라이나 사태의 터닝포인트가 올 것으로 예측하고 있다. 이것은 중국이 중재자로 나선 것에 대한 긍정적 전망이다.

> "이제 중국이 협상을 끝냈으니 정점에 도달할 것입니다. 내 생각에, 올해 말 우리는 협상과정에 대해서, 심지어 실제 협상에 대해서 이야기하게 될 것입니다.[09]"

---

09   유튜브 동영상 CBS Sunday Morning 2023.5.7. 1:55 참고

조속한 평화협상이 새로운 질서를 만들어낼 것은 자명하다. 이제 미국이라는 단극체제에 반기를 든 러시아, 중국, 인도 등 브릭스와 남반구 국가들을 주축으로 하는 다극체제의 물결이 치솟고 있다. 이러한 시대의 흐름은 키신저 역시 예견한 바가 있다. '힘의 균형을 통한 세계 질서'를 과연 패권국을 중심으로 한 강대국의 세력균형으로만 볼 것인가. 이것은 우크라이나 사태 이전 국제질서였다. 포스트 우크라이나는 이제 '다극화'라는 세계질서가 압도할 것이다. 미국의 강대국으로서의 패권, 특히 달러를 기축통화로 하여 무기화한 한 세기간의 단극 체제는 이제 변혁을 맞게 된 것이다. 약소국을 배제한 세력균형에서 남반구 국가들은 우크라이나 사태에서 벌어진 패권국의 만행에 보이지 않는 봉기를 시작하고 있다. 브릭스가 강화되고, 아랍연맹이 결성되며, 제재 불참국이 확산되고, 위안화 결제국이 늘어나고 있다. 새로운 기축통화에 대한 여론 조성이 확대되며, 아프리카, 남미, 동남 아시아 등 남반구 국가들은 중국과 러시아를 주축으로 뭉치고 있다.

'다극화'는 무엇인가. 하나의 패권국이 세계를 지배하는 것이 아니라 모든 국가들이 자국의 실리와 안정, 안보를 위해 매진하여, 서로 간 팽팽한 균형을 이루는 것, 이것은 키신저의 세력 균형을 통한 세계 평화 전략과 다름 아니다. 다만 그것이 강대국 중심이 아닌 강대국과 약소국 모두에게로 확대된 것일 뿐이다. 다극화야말로 러시아가 소련 해체 이후 주장해 온 이론이다. 러시아는 영토에 대한 욕심도, 패권국에 대한 욕심도 없다.[10] 모든 국가에 대한

---

10 시카고 대학의 존 미어샤이머 교수가 반복해서 강조했듯이, 러시아는 영토 야욕을 가지

공정한 세력 균형을 원했을 뿐이다. 푸틴의 친서방 정책은 오랫동안 자국 내에서 많은 비난을 받아왔지만, '다극체제'에 대한 자신의 이상을 실현시키기 위한 방책이었음을 알 수 있다.

중국과 러시아의 연대가 얼마나 오래 갈 것인가에 대한 의문도 불필요하다. 마치 인도나 튀르키예, 특히 일본이 미국과 정치적으로 연대하면서 대러 제재에는 동참하지 않을 뿐만 아니라 많은 경제 교류를 통해 경제성장을 이뤄내고 있다.[11] 진정한 세계 평화는 동등한 세력 균형을 내재한 다극체제 속에 있는 것이다.

우리는 노장 외교전략가 키신저가 그랬듯이 과거의 역사 속에서 미래를 보고 '평화로운 세계 질서'를 추구해야 할 것이다. 그리고 진정한 세계 평화를 위해 강대국은 중재자의 역할에 충실해야 할 것이며, 우크라이나와 러시아 양국은 서로 간의 양보를 통해 협상에 임해야 할 것이다. 키신저의 평생을 통한 연구에서, 10년 안팎의 실전에서의 교훈을 통해 우리가 배워야 할 것은 자명하다. 즉, 전쟁을 조속히 끝내고 그 전후처리는 어떻게 현명하게 하느냐에 따라 우리의 향후 100년 간의 미래 평화가 달려 있다는 것을 우리는 명심해야 할 것이다.

기에는 충분한 영토가 있으며, 패권국을 노리기에는 경제규모가 미국의 한 주(state) 수준이다. 이번 전쟁이 영토 야욕이나 패권 야욕 때문이라는 가정은 성립될 수 없다.

11　일본은 대러 경제제재에 동참하고 있기는 하지만 현재 가장 러시아와 활발한 무역을 하고 있는 나라 중 하나이다. 가스, 원유에서부터 수산물에 이르기까지 사상 최대 러일 무역 규모를 이루고 있다.

부록

부록 1

빈 의회 최종 의정서 전문(1815)[01]

Final Document of Congress of Vienna

성스러운 삼위일체의 이름으로.

1814년 5월 30일자의 파리에서 개최된 이 조약에 서명한 열강들은, 이 조약의 제32조에 따라 이들의 동맹인 여러 공국과 국가들과 함께 빈에 모여, 해당 조약의 조

---

01 빈 의회 최종 의정서(Final Document of the Congress of Vienna)는 나폴레옹 전쟁 후 1815년 6월 9일에 체결된 조약으로 1997년 유네스코 세계기록유산으로 등록되었을 정도의 문화적 가치를 가지고 있다. 그 무엇보다도 키신저 외교의 근간이 되었다는 점에서 큰 의미를 갖고 있다. 클레멘스 메테르니히 주도로 이루어진 빈 회의(1814-1815)는 프랑스의 샤를 탈레랑의 정통주의를 기초로 프랑스 혁명 이전 상태로 돌아가는 것을 원칙으로 하고, 영국, 프랑스, 프로이센, 오스트리아, 러시아의 5대 강국이 세력 균형을 깨지 않고 상호 견제하는 형식을 취하도록 했다. 최종 의정서는 승전국인 영국, 프로이센, 오스트리아, 러시아의 영토 분할 문제가 주로 다루어지고 있는데, 폴란드의 분할과 작센 문제를 둘러싼 러시아-프로이센 진영과 영국-오스트리아 진영 간의 갈등 속에서 프랑스는 영국-오스트리아 진영에 가담하면서 프랑스가 다른 4대 강국과 동등한 지위로 올라서게 되었고, 이로써 프랑스가 배제되지 않은 채 5대 강국의 세력 균형 체제가 복원되었다는 점이 매우 중요하다. 키신저는 이 점에 주목하여 메테르니히 체제가 100년간의 평화를 유지할 수 있었던 원인을 분석했고, 이를 바탕으로 박사논문을 집필했다. 키신저 외교의 근간이 되었다고 말할 수 있는 메테르니히 체제의 결정체인 '빈 의회 최종 의정서'는 문서로서 중요한 의미를 가지기에 전문을 번역하여 이 책에 싣는다. 관심 있는 독자 및 연구자에게 도움이 되기를 바란다.

부록 169

항을 완성하고, 상호 비준에 의해 확인할 목적으로 협상의 다양한 결과들을 하나의 공동 계약에 포함시키고자 하며, 지난 전쟁의 종식 이후 유럽이 처한 상태에 필요한 조치(계획)를 추가하기 위해, 이 열강들은 다음과 같은 각자의 전권대사들로 하여금 일반 문서에 상위의 영구적 이익 규정을 포함시키고, 이 조약에 인용된 조약, 협약, 선언, 규정 및 기타 특정 결의 사항들을 의회(유럽의회, Congress) 조치(Arrangement)의 일부로 법률(act)에 연결시킬 수 있는 권한을 부여하였다. 상기에 언급된 열강들이 선임한 (유럽)연합 의회(에 참여한) 전권대사들은 다음과 같다:

오스트리아 황제이자 헝가리와 보헤미아 국왕을 대신한 전권대사:
클레멘트-벤슬라스-로헤어 (Clement-Venceslas-Lolhaire) (메테르니히-비네부르그-오히셴하우젠(Metternich-Winnebourg-Ochsenhausen)의 군주이자, 골든 플리스 (Golden Fleece) 기사, 성 슈테판 칙령 대십자 훈장을 받은 사람으로, 성 앤드류와 성 알렉산더 뉴스키, 성 수태고지 최고 명령, 블랙이글 및 레드 이글, 세라핌(Seraphim), 투스카니의 성 요셉 등의 칙령 기사이자; 마리아 테레사의 군정 대신, 오스트리아 황제이자 헝가리와 보헤미아 국왕의 미술아카데미 수탁인, 국무 대신, 추밀고문관이자 내무부, 협약 및 외교부 장관임);

존 필립 (John-Phillip) (베센버그 남작이자, 성 모리스 및 성 라자루의 군대 종교 칙령 대십자 훈장을 받은 자로 프로이센의 레드 이글과 바바리아 왕국의 대십자 훈장을 받고 황제, 왕족 주교 폐하의 국무 대신, 추밀고문관임)

스페인 및 인도 국왕을 대신한 전권대사:
돈 피터 고메즈 라브라도 (샤를르 3세의 궁정 기사이자 임시 섭정인)

프랑스와 나바르 국왕을 대신한 전권대사:
샤를 모리스 드 탈레랑-페리고 (Charles Maurice de Talley-Rand-Perigord) (탈레랑 군주, 프랑스 귀족, 외무부 장관, 레지옹 도뇌르 훈장 수상자, 골든 플리스 기사, 헝가리 성 스테펜, 성 앤드류, 블랙 이글 및 레드 이글 칙령 기사이자, 엘레펀트, 성 푸버트 작센왕국, 성 조셉, 및 페르시아 칙령의 대십자 훈장 수상자 (대수장) 기사임);

달버그 공작 (d'Alberg) (프랑스와 나바르의 국왕의 국무장관이자 레지옹 도뇌르 훈장 수상자, 바덴 훈장 수상자, 예루살렘의 성 존의 칙령 기사);
구베르 드 라투 뒤 핀 (Gouvernet de Latour du Pin) (성 구이 왕실 군대 칙령 기사 레종 도뇌르 훈장 수상자이자 국왕과 네덜란드 국왕의 특사이자 전권대사임);
알레시스 카운트 드 노알레 (Alexis Count de Noailles) (성 루이의 왕실 군대 칙령 기사이자 성 모리스 및 성 라자르의 왕실 및 군대 칙령 대십자 훈장 수상자이자 예루살렘의 성 존과 성 울로디미그 레오폴드, 프로이센의 칙령 기사이자 프랑스 대령임)

대영제국 및 아일랜드 국왕을 대신한 전권대사:
로버트 스튜어트 (Robert Stewart) (카스틀러리그 자작이자 왕실 추밀고문관, 의회 의원, 런던데리 사단의 대령, 외무장관이자 가터 등의 최고 칙령 기사(훈위)임);
아서 웰레슬리 경 (Arthur Wellesley) (웰링턴의 공작, 후작, 백작이자 탈라베라 후작, 백작, 자작, 이자 웰레슬리의 남작, 왕실 추밀고문관, 왕실 군대 대장, 왕실 기마 근위대 대령, 가터 칙령 기사, 바스 최상 군대 칙령 대십자 훈장기사: 시우다드 로드리고 공작이자 스페인 1등급 귀족, 비토리아 공작, 토레스 베드라스 후작, 포르투갈 비메라 백작이자; 골든 플리스 칙령 기사, 스페인의 성 페르디낭 군대 칙령 기사, 마리아 테레사 제국 및 군대 칙령 대십자 훈장 기사, 러시아 성 조지아 군대 책령 대십자 훈장 기사, 포르투갈의 타워앤드 스워드 왕실 군대 칙령 대십자 훈장 기사이자 스웨덴의 스워드 왕실 및 군대 칙령 대십자 훈장 기사임);
리차드 르 포에르 트렌치 (Richard Le Poer Trench) (클렌카티 백작, 던로 자작, 킬코넬 남작이자 왕실 추밀고문관, 무역 및 식민지 사안에 대한 의회 위원회 의장, 우체국장, 잘웨이 민병대 대령이자 바스(Bath)의 최상 칙령의 대십자 훈장 기사임);
윌리엄 쇼 (William Shaw) (카스카트 백작이자 카스카트 후작, 카트카트와 그린녹의 남작, 의회 귀족, 왕실 추밀고문관, 티스틸과 러시아의 최고 칙령 기사, 왕실 군대 대령, 스코틀랜드의 해군 중장, 근위 기병 제2연대 대령, 러시아 황제의 왕실 특별 대사 및 전권대사임);
찰스 윌리엄 스튜어트 (Charles William Stewart) (왕실 대신이자 왕실 추밀 고문관, 왕실 군대 중장, 기마병 20년대 대령, 자마이카 포트 샤를 총독이자 바스(바스

(Bath)의 제국 및 군대 칙령 대십자 훈장 기사, 프로이센의 블랙 및 레드 이글 칙령 대십자 훈장 기사, 포르투갈의 타워앤드 스워드 왕실 군대 칙령 대십자 훈장 기사이자 러시아 성 조지아 군대 칙령 대십자 훈장 기사임);

포르투갈 및 브라질 왕국의 섭정 군주를 대신한 전권대사:
폰 피터 드 소사 홀스타인 (Von Peter de Sousa Holstein) (팔멜라 (Palmella)의 백작이자 의회 의원, 기독교 명령군대 지휘관, 독일 호위대 대령, 스페인의 샤를 3세 왕실 칙령 대십자 훈장 수상자임);
안토니오 드 사단하 다 가마 (Antonio de Saldanha da Gama) (왕실 의회 의원이자 재무부 대신이자 모든 러시아 황제에 대한 특사이자 전권 대사, 아베즈의 성 베네딕트 군대 칙령 사령관이자 브라질 군주에 대한 시종무관);
돈 요하킴 로보 다 실베라 (Don Joachim Lobo da Silveira) (의회 의원이자 기독교 명령 부대 사령관임)

프로이센 국왕을 대신한 전권대사:
하덴베르크 군주 (Prince Hardenberg) (국가 대신이자, 블랙 및 레드 이글, 예루살렘의 성 존, 프러시아의 강철 십자, 성 앤드류, 성 알렉산더 뉴스키, 러시아의 성 앤의 대칙령 기사이자, 헝가리 성 스테판 왕실 칙령 대십자 훈장 기사, 성지 대수장자이자 스페인 샤를 3세 칙령, 바바리아 성 휴버트 , 사르디나 성수태고지 최고 명령 대십자 훈장 기사이자 스웨덴 세라핌과 덴마크 엘레펜트, 부르템베르크의 골든이글 등의 칙령 기사임);
샤를 윌리엄 (Charles William) (훔볼트의 남작이자 국가 장관, 내무대신, 제국 왕실 오스트리아 황제에 대한 특사 이자 전권대사 장관, 레드 이글 및 프로이센의 1급 철강 십자 칙령 기사, 러시아의 성 앤의 칙령 및 오스트리아 레오폴드 칙령, 바바리아 왕실 대십자 훈장 수장 기사임)

러시아 전역 황제 대신한 전권대사:
앤드류 (Andrew) (라소모프스키 군주이자 왕실 추밀고문관, 상원의원, 성 앤드류 칙령 기사이자 성 울로디미르, 성 알렉산더 뉴스키, 성 앤, 성 슈테판의 왕실 칙령

대십자 기사이자 프로이센의 블랙 이글과 레드 이글의 칙령 기사임)

구스타프 (Gustavus) (스타켈베르크 백작이자 왕실 추밀고문관, 제국 및 왕실 오스트리아 황제에 대한 특사 및 전권대사 장관, 국무대신, 성 알렉산더 뉴스키 칙령 기사, 성 울로디미르, 성 앤 1급, 성 슈테판의 왕실 칙령 대십자 기사이자 프로이센의 블랙 이글과 레드 이글의 칙령 기사임)

샤를 (Charles) (네셀로드 백작, 왕실 추밀고문관, 국무대신, 외교장관, 성 알렉산더 뉴스키 칙령 기사, 성 울로디미르 2급, 헝가리 성 슈테판, 프로이센 레드이글, 스웨덴 폴라 스타, 부템베르크의 골든이글 의 대십자 칙령 기사임)

스웨덴 및 노르웨이 국왕을 대신한 전권대사:
샤를 악셀 (Charles Axel) (로벤힐름 백작, 왕실 군대 소장, 보병연대 대령, 국무대신, 전 러시아 황제에 대한 특사 및 전권 대사 장관, 왕실 칙령 차관, 폴라 스타 칙령 사령관, 스워드 칙령 기사이자 러시아 칙령 기사이자 성 앤 1급, 성 조지아 4급 기사이며; 레드 이글 1급 프로이센 칙령 기사 및 예루살렘의 성 존 칙령 부대 사령관임)

위와 같은 전권대사들은 적절하고 적합한 형식으로 각자의 전권을 행사한 후 협상의 종료 시에 서로 지원하여 다음의 조항들을 상기에 언급한 일반 문서에 포함시키고 각자의 서명을 하기로 합의하였다:

제1조 다음 조항들에 의해 달리 처리되는 속주와 구역을 제외하고, 바르샤바 공국은 러시아 제국에 통합되며, 헌법에 따라 러시아 제국에 불가역적으로 귀속되고 러시아의 황제, 그의 상속인 및 승계인에 의해 영구적으로 소유된다. 황제는 독자적 행정권을 누리면서 자신이 적절하다고 판단하는 경우 이 국가에 내부 개선을 시행할 수 있는 권한을 가진다. 그는 그의 다른 소유지에 부여된 칭호에 조화되는 형식으로 자신의 다른 칭호와 함께 차르, 폴란드 국왕 등의 칭호를 가진다.

    러시아, 오스트리아, 프로이센의 각 백성인 폴란드인들은 그들이 속한 각 정부가 용이하고 적절히 부여할 수 있다고 판단하는 정치적 고려의 정도에 따라 규제되는 대의권 및 국가 제도를 가진다.

제2조 포젠 대공국에 대한 그의 소유권에 따라 프로이센 국왕이 자신과 그의 상속인 및 승계인이 완전한 주권과 재산으로 소유하게 될 바르샤바 공국은 다음과 같은 선 내의 (영토로) 구성된다:

동부 프로이센의 국경에서 노이호프(Neuhoff) 마을까지 새로운 경계는 1772년부터 틸시트(Tilsit) 평화 조약 때까지, 라이비취(Leibitsch) 마을에 귀속되었고 바르샤바 공국에 속하는 서부 프로이센의 국경까지 연결된다. 거기서부터 콤파니아(Kompania), 그라보비에크(Grabowiec), 슈치트노(Szczytno)는 프로이센에 귀속시키고 이러한 직전 언급 장소 근처에서 슈치트노(Szczytno) 반대편 비슬라(비스툴라(Vistula) 강) 강에 속하는 비슬라 (비스툴라(Vistula) 강) 강의 맞은편으로부터 그로스 오포츠코(Gross Opoczko) 부근에 있는 네체(Netze) 지역의 옛 한계선으로 이어짐으로써 슬루제보(Sluzewo)는 공국에 속하고 프질라노바(Przylranowa), 홀란더(Hollander), 마시에제보(Maciejewo)는 프로이센에 속하게 된다. 경계는 그로스 오포츠초(Gross Opoczkzo)에서 프로이센에 잔존하는 츨레비스카(Chlewiska)를 거쳐 프르지스라프(Przyhyslaw) 마을까지, 그리고 거기서부터, 피아스키(Piaski), 켐체(Chebmce), 비토비치키(Witowiczki), 코비린카(Kobylinka), 보이진(Woyezyn)과 오르코우(Orchowo) 마을을 거쳐 포위츠(Powidz) 시까지 이어진다.

이 경계선은 포위츠(Powidz)에서 슬루피(Slupee) 마을을 거쳐 바르타(Wartha) 강과 프로스나(Prosna) 강이 합류하는 지점까지 계속된다.

이 지점에서 프로스나(Prosna) 강을 따라 코시엘나비스(Koscielnawies) 마을까지, 그리고 같은 구역 내 칼리슈(Kalisch)까지 다시 올라간다.

그런 다음 (프로스나(Prosna)강의 왼쪽 강기슭 쪽의) 코실나비스(Koscielnawies)에서 칼리슈(Kalisch)까지의 거리로 측정한 반원형 영역을 이 도시에 남겨 두고 이 경계선은 프로스나(Prosna) 강의 방향으로 복귀해서 이를 계속 따라가 그라보우(Grabow), 비루스조프(Wieruszow), 보레스라비체(Boleslawice) 마을을 지나 다시 올라갔다가 피츠친(Pitschin) 맞은편 실레지아(Silesia) 국경에 있는 골라(Gola) 마을 근처에서 끝난다.

제3조 오스트리아 황제는 완전한 재산과 주권으로 비엘리츠카(Wieliczka)의 소금

광산과 그에 속한 영토를 소유한다.

제4조 비슬라(Vistula) 강의 수로 또는 하상(강 바닥)은 갈리치아(Gallicia)를 크라쿠프(Cracow) 자유 도시 영토와 분리시키며, 동시에 갈리치아(Gallicia)와 자비초스트(Zavichost) 도시 근처까지 전 러시아의 황제의 국가에 통합된 고대 바르샤바 공국 간의 국경의 역할을 한다.

자비초스트(Zavichost)에서 부크(Bug) 강까지, 육상 국경은, 1809년 빈 조약에 그려진 경계선에 의해 결정된다. 단, 필요하다는 판단 하에 도입될 수 있는 합의에 의한 변경은 제외, 부크(Bug) 강으로부터의 국경선은 앞서 언급한 조약 이전에 있었던 바와 같이 두 제국 사이에서 다시 설정될 것이다.

제5조 전 러시아 황제는 1809년 빈 조약의 결과로 동 갈리치아(Eastern Gallicia)로부터 분리된 구역들 및 즐루조프(Zloozow), 브르제잔(Brzezan), 타르노볼(Tarnopole) 및 잘레스츠크(Zalesczyk)의 원형 지역으로부터 분리된 구역들을 오스트리아 황제에게 할양하며, 이 쪽의 국경은 위 조약 일자 이전과 동일하게 재 설정된다.

제6조 크라쿠프 시는 그 영토와 함께 오스트리아, 러시아, 프로이센의 보호 아래 영원히 자유롭고 독립적이며 엄격히 중립적인 도시임을 선언한다.

제7조 크라쿠프의 자유 도시의 영토는 비슬라(비스툴라(Vistula) 강) 강의 왼쪽 강기슭으로 국경을 가질 것이며, 그 경계는 비슬라(비스툴라(Vistula) 강) 강으로 흘러 드는 개울이 있는 볼리차(Wolica) 마을 근처 지점에서 시작하여 클로(Clo)와 코칠르니키(Koscielniki)를 지나 출리체(Czulice)까지 개울을 거슬러 올라감으로써 이 마을들은 크라쿠프(Cracow)의 자유 도시 지역에 포함될 수 있다: 경계는 그 지점으로부터 이 마을들의 경계선을 따라 드지에카 보비치(Dziekanovice), 가를리체(Garlice), 토마스초우(Tomaszou), 카르니오비체(Karniowice)를 지나며, 이 지역들은 또한 크라쿠프(Cracow)의 영토에 속해야 하며, 크르제스보비체(Krzeszowice) 지구를 올쿠츠(Olkusz)로부터 분리하는 한계선이 시작되는 지점까지 계속된다. 경계는 프로이센의 질레지안(Silesian)의 경계에 도달할 때까지 그 지점으로부터 위 언급한 두 지역 간의 이 한계선을 따라간다.

제8조 오스트리아 황제는 갈리치아와 크라쿠프(Cracow) 자유 도시 사이의 상업 관

계와 좋은 이웃관계를 가능한 한 최대로 지원하기 바라며 브로디(Brody) 마을에서 향유하는 것과 같은 영구적인 자유 상업 도시의 특권을 포드고르제(Podgorze) 소도시에 부여한다. 이 상업 자유 구역은 포드고르제(Podgorze) 소도시 교외의 장벽에서 500토와즈(toise)(약 973m)의 거리까지 확대된다.

이러한 영구적 할양이 오스트리아 황제의 주권에 영향을 미치지 않음에도 불구하고 이 할양의 결과로 오스트리아 세관은 그 한계선을 넘어선 장소에만 설립되어야 한다. 크라쿠프(Cracow)의 중립성을 위협하거나 포드고르제(Podgorze)의 마을과 지역에 부여한 상업의 자유를 방해할 수 있는 어떠한 군사 시설도 조직해서는 안 된다.

제9조 러시아, 오스트리아, 프로이센의 법원은 크라쿠프(Cracow)의 자유 도시와 그 영토의 중립성을 존중하고 이 중립성이 항상 존중될 수 있게 해야 한다.

어떤 명분으로든 무장 병력은 투입할 수 없다. 다른 한편으로, 앞에 언급한 열강 국가 출신의 도망자, 탈영자 및 기소된 자들에게는 크라쿠프(Cracow)의 자유 도시와 영토로 망명이 허용되지 않는다는 점이 이해되고 명시되었으며; 따라서 관할 당국이 인도를 요구하는 경우, 그러한 개인은 지체 없이 체포 및 인도되며 적절한 호위 하에 국경에서 그들을 수용하도록 지정된 경비원에게 호송된다.

제10조 일반 조약에 부속되어 있는 크라쿠프(Cracow)에 관한 추가 조약의 제7, 15, 16, 17조에 명시된 바와 같이 크라쿠프(Cracow) 시의 아카데미, 주교지 및 지부에 관한 크라쿠프(Cracow) 자유 도시 헌법적 처분은 본 법의 텍스트에 삽입된 것과 동일한 효력과 유효성을 갖는다.

제11조 완전하고 일반적이며 특별 사면이 계급, 성별, 조건에 관계없이 모든 개인에게 부여된다.

제12조 전 조의 결과, 미래에 어느 누구도 폴란드의 정치적, 시민적 또는 군사적 사건에 직간접적으로 참여하였다는 이유로 어떤 방식으로든 기소되거나 방해받아서는 안 된다. 모든 절차, 소송 또는 기소는 무효로 간주되며, 차압 및 가 몰수는 취소되고, 이를 근거로 하여 공포된 모든 법률은 무효이다.

제13조 최종적으로 선언된 칙령이나 선고가 이미 완전히 집행되었고 후속 사건에

의해 무효화 되지 않은 경우는, 몰수에 관한 이러한 일반 규정으로부터 제외된다.

제14조 고대 폴란드 전역에 걸친 강과 운하의 자유로운 항해, 항구에서의 거래, 다양한 폴란드 지방의 재배 물 및 농산물 품목의 유통, 이동 중인 물품에 관한 상거래 등에 관하여 확립된 제 원칙은 오스트리아와 러시아 간 조약의 제24, 25, 26, 28, 29조 및 러시아와 프로이센 간 조약의 제22, 23, 24, 25, 28, 29조에 명시된 바와 같이 변함없이 유지되어야 한다.

제15조 작센(Saxony) 국왕은 자신과 그의 모든 후손과 승계인들을 대신해, 프로이센 국왕을 위해 이하에 거명하는 작센 왕국의 속주, 지구, 영토 또는 그 일부에 대한 모든 권리와 소유권을 영구히 포기한다. 그리고 프로이센 국왕은 완전한 주권과 재산으로 그 나라들을 소유하고 그의 군주국에 통합할 것이다. 이와 같이 할양된 지구와 영토는 하나의 경계선으로 작센 왕국의 나머지 부분과 분리될 것이며, 이후 이 경계선은 프로이센과 작센 영토 사이의 국경을 형성함으로써 이 경계에 의해 형성된 한계선 안쪽에 포함된 모든 것은 작센 국왕에게 복귀될 것이다. 그러나 작센 국왕은 이 경계 너머에 있는, 전쟁 전에는 그에게 속해 있었던 모든 지역과 영토를 포기한다.

경계는 자이덴베르그(Seidenberg) 인근 지역의 비제(Wiese) 근처 보헤이마(Bohemia) 국경에서 시작하여 비티치(Wittich) 강의 흐름을 따라 나이세(Neisse) 강과 합류 지점까지 연결된다.

이 경계는 나이세(Neisse)에서 프로이센에 속하는 타우친트(Tauchntz)와 작센에 잔류하는 베르츠초프(Bertschoff) 사이의 아이겐(Eigen) 원형지대로 이어진다. 그리고는 아이겐(Eigen) 원형 지대의 북쪽 경계를 따라 풀스도르프(Pulsdorf)와 오베르-슐란트(Ober-Schland) 사이의 앵글로 이어진다. 그런 다음 골리츠(Gorlitz) 원형 지대를 바우첸(Bautzen) 원형 지대로부터 분리하는 한계선까지 진행함으로써 오베르-메텔(Ober-Mettel), 나이더-슐란트-올리치(Neider-Schland-Olich) 및 라데비츠(Radewitz)가 작센의 소유로 남아있게 된다.

골리츠(Gorlitz)와 바우첸(Bautzen) 사이의 큰 우편 도로는 위 원형 지대의 한계 지점까지 프로이센에 속한다. 그런 다음 경계선은 원형 지대의 국경을 따라 두브라우케(Dubraucke)까지 이어지고 로바우어-바세르(Lobauer-Wasser)의 우측 고지대까지 연장됨으로써 이 강과 두 연안과 노이도르프(Neudorf)까지 그에 인접한 장소들이 이 마을과 함께 작센의 영토로 남게 된다.

그 후 경계선은 다시 슈프레(Spree)에 당도하며, 슈바르츠-바세르(Schwarz-Wasser), 리스카(Liska), 헤름스도르프(Hermsdorf), 케텐(Ketten) 및 솔라도르프(Solahdorf)는 프로이센에 이양된다.

솔라도르프(Solahdorf) 근처의 슈바체-엘스테르(Schwarze-Elster)에서 그 로스그라브첸(Grossgrabchen) 근처의 코니히스브루크(Konigsbruck) 영지의 국경까지 직선을 긋는다. 이 영지는 계속 작센에 속하며 경계선은 오르트란트(Ortrand) 부근에 있는 그로센하인(Grossenhayn)의 바일리비크(Bailiwick)까지 북쪽 경계를 따라간다. 오르트란트(Ortrand), 그리고 그곳에서 메르츠도르프(Merzdorf), 슈톨첸하인(Stolzenhayn), 그로바인(Grobein)을 거쳐 뮐베르크(Muhlberg)까지 이어지는 도로(및 그 도로에 인접한 마을들을 포함함으로써 이 중 어느 일부도 프로이센 영토를 벗어나지 않음)는 프로이센 정부에 속한다. 그로벨른(Grobeln)으로부터의 국경은 피츠텐베르크(Fichtenberg) 근처의 엘베 강으로 거슬러 올라가고 뮐베르크(Muhlberg)의 토지관리구역(bailiwick)을 따라간다. 피히텐베르크(Fichtenberg)는 프로이센의 소유이다.

엘베 강에서 베르제부르크(Merseburg) 국의 국경까지 토르가우(Torgau), 에일렌부르크(Eilenburg) 및 델리치(Delitsch)의 토지관리구역은 프로이센으로 넘어가고 오스차츠(Oschatz), 부르젠(Wurzen) 및 라이프직(Leipsic)의 토지관리구역은 작센에 남아 있도록 규정한다. 경계선은 일부 설정지(inclosure)와 반설정지를 구분하는 이 토지관리구역의 경계를 따른다. 뮐베르크(Muhlberg)에서 아일렌부르크(Eilenburg)까지의 도로는 그 전체가 프로이센 영토 내에 속한다.

포델비츠(Podelwitz)(라이프직(Leipsic)의 토지관리구역에 속하고 작센에 존속함)에서 여전히 포델비츠(Podelwitz)에 속하는 에일라(Eylra)까지의 경계선은 메르제부르크(Merseburg) 국가를 분할하는데 그 방식은, 브라이텐펠트(Breitenfeld), 하에니첸(Haenichen), 그로스(Gross) 및 클라인-돌지크(Klein-Dolzig), 마르크-란슈다트(Mark-Ranstadt)와 크나우트-나우엔도르프(Knaut-Nauendorf)는 작센에 존속하고 모델비츠(Modelwitz), 슈켄디츠(Skenditz), 클라인-리베나우(Klein-Liebenau), 알트-람슈타트(Alt-Ramstadt), 슈콜렌(Schkohlen) 및 지센(Zietschen)은 프로이센으로 넘어가는 방식으로 한다.

그 지점에서부터 경계선은 플로스-그라벤(Floss-graben)과 바이세-엘스터(Weisse-Elster) 사이의 페가우(Pegau)의 토지관리구역을 분리한다. 전자는 바이세-엘스테르(Weisse-Elster)으로부터 크로센(Crossen) 시(하인부르크(Hainsburg)의 토지관리구역의 일부를 형성) 위에서 분리되는 지점에서 메르제부르크(Merseburg) 시 아래에서 살레(Saale)에 합류하는 지점까지 이 두 도시 사이의 이 강의 모든 진행 및 양 연안을 포함하여 프로이센 영토에 속한다.

그 지점에서부터 국경이 자이츠(Zeitz)국의 국경과 접하는 곳에서 경계선은 루카우(Luckau) 근처 알텐부르크(Altenburg)국의 경계까지 이 국경을 따른다.

완전히 프로이센의 지배 하에 있는 노이슈타트(Neustadt) 원형 지대의 국경은 변경하지 않기로 한다.

레우스(Reuss) 지역에 있는 보이그틀란트(Voigtland)의 구획지, 즉 게팔(Gefall), 블린텐도르프(Blintendorf), 슈파렌베르크(Sparenberg) 및 블란켄베르크(Blankenberg)는 프로이센의 몫에 포함된다.

제16조 프로이센 국왕의 통치권으로 이양된 작센 왕국의 속주와 구역은 작센 공국의 이름으로 표시되며 프로이센 국왕은 자신의 칭호에 작센, 투린기아(Thuringia)의 란트그라브(Landgrave), 두 루사티아(Lusatia)의 마르그라베(Margrave) 공작, 및 헤네베르크(Henneberg) 백작의 칭호를 그의 칭호에 추가한다.

작센 국왕은 계속해서 루사티아 상부 지역의 마르그라베(Margrave)라는 칭호를 보유해야 하며 또한 에르네슈틴(Ernestine) 브랜치의 소유에 대한 최종 승계권 관련 및 이 권리로 인하여 튀린지아 및 헤메베르크의 마르그라베(Margrave) 및 헤메베르크 백작 칭호를 계속 보유한다.

제17조 오스트리아, 러시아, 대영제국, 프랑스는 프로이센 국왕과 그의 후손 및 승계인들에게 제15조에 명시된 국가들의 소유권을 완전한 재산과 주권으로 보장한다.

제18조 프로이센 왕에게 두 왕실 사이의 미래 논의의 모든 대상을 제거하려는 그의 열망에 대한 새로운 증거를 제공하고자 하여, 1815년 5월 18일 빈에서 체결된 작센 국왕과의 조약에 근거하여 프로이센 왕의 지배 하에 놓인 이들 지역의 부분에 대한 권리에 한하여 이전에 보헤미아(Bohemia)의 왕으로서 그에게 속하였던 루사티아의 상부 및 하부 지역의 마르그라베(Margrave)에 대한 자신과 그의 후계자들의 주권을 포기한다.

프로이센에 합병된 루사티아스(Lusatias)의 해당 부분에 대한 오스트리아 황제의 반환권에 관해서는, 현재 프로이센에서 통치하고 있는 브란덴부르크 왕가에게 이전되며, 위 지배 왕가의 소멸 시 오스트리아 황제는 그러한 권리를 재개할 수 있는 권리를 자신과 자신의 승계인들에게 유보한다.

나아가 1815년 5월 18일의 조약에 의해 프로이센 국왕에게 할양된, 루사티아스(Lusatias) 상부 지역의 일부에 포함되며 귄터스도르프(Güntersdorf), 타우벤트란테(Taubentränte) 노이크레첸(Neukretschen), 니데르-거라쉬샤임(Nieder-Gerlachsheim), 빈켈(Winkel)과 진켈(Ginkel) 등지로 구성된 보헤미아(Bohemia) 구역을 프로이센 국왕을 위해 포기한다.

제19조 프로이센 국왕과 작센 국왕은 향후의 분쟁이나 논란의 모든 사안을 제거하기 위해 서로에게 호혜적으로 현재의 조약에 의해 결정된 국경선을 넘어서 행사할 수 있거나 행사했을 수 있었던 모든 봉건 시대의 권리나 주장을 포기한다.

제20조 프러시아 국왕은 가장 자유로운 원칙에 입각하여 각자의 지배하에 있는 백성들의 재산과 이익에 영향을 줄 수 있는 것이면 무엇이든 적절한 관리를 하도록 지시하기로 약속한다.

프로이센과 작센의 양 정부 하에 재산을 소유한 관련 개인들에 대해, 라이프직(Leipsic) 지역의 상업(무역) 및 기타 상업(무역) 사안에 대해서는 본 조항은 특히 준수되어야 하며 할양된 지방 및 기타 지방에 거주하는 주민들 개인의 자유는 침해되어서는 안 되며 한 영토에서 다른 영토로 이민은 허용되어야 한다. 단, 국방의무 및 법에 의해 요구되는 형식 상의 요건은 이행해야 한다. 이들은 또한 과태료나 수입관세의 적용을 받지 않고 재산을 처분할 수 있어야 한다.

제21조 작센 국왕이 프로이센에게 할양한 지방 및 작센 국왕의 영토로 남은 지방 및 구역 내의 공동체, 기업 및 종교 시설및 공공 시설은 어떠한 변화가 진행되는 경우라도 그 근거가 되는 법률에 따라 또는 프로이센 및 작센 정부 하의 해당 기간 이후 법적 소유권에 의해 인수된 지불 기한이 도래한 임대료뿐만 아니라 각자의 재산을 보존하며; 어떠한 당사자도 세입을 집행하고 징수하는데 지장을 주어서는 안 된다. 단, 해당 집행과 징수는 법에 부합하는 방식으로 수행되어야 하며 그 발생된 영토 내에서 유사한 성격의 모든 재산 또는 임대료에 부과되는 부과금은 납부해야 한다.

제22조 작센 국왕이 지배하는 지방 내의 어떠한 법적 거주민들도 이 조약에 의해 프로이센 국왕이 지배하는 지역 내의 법적 거주민들에 비하여 그의 지위나, 존엄 관련 그의 신체나 재산, 임대료, 연금 또는 수입 등의 측면에서 더 불리한 대우를 받아서는 안 되며, 전쟁이 발발한 후 1814년 5월 30일자로 파리에서 체결된 평화 조약에 의해 발생된 사건에서 민사 또는 군사적으로 부담했어야 하는 부분에 대해 여하한 방식으로든 기소되거나 책임을 지지 않는다.

본 조는 작센 지역의 어느 지역에도 거주하지 않는 사람들로 작센 지역에 여하한 종류의 임대료, 연금 또는 수입 등을 소유하게 되는 사람들에게도 동등하게 적용된다.

제23조 지난 전쟁의 결과로 틸지트 평화조약에 의해 할양된 지방 및 영토를 소유하게 된 프로이센 국왕의 경우, 그 자신, 그의 상속인 및 승계인은 전적인 재산권 및 주권으로 공식적으로 다음의 국가를 새롭게 소유한다는 점을 인정하고 선언한다.

제3조에 정한 폴란드의 고대 지방; 단치크(Dantzic) 시 및 틸지트 조약이 정한 그의 영토; 코트버스(Cottbus) 원형 지역; 올드 마르치(Old March); 살레(Saale) 원형 지역과 함께 엘베 강의 좌측 강기슭에 자리한 마그데부르크(Magdeburg) 원형 지역; 데렌보르크(Derenbourg) 및 하센로데(Hassenrode)

영지 내의 할베르트슈타트(Halbertstadt) 공국; 퀘들린부르크(Quedlinburg) 의 소도시 및 영토(1803년에 작성된 조치에 부합한 스웨덴의 소피아 알베르틴(Sophia Albertine)과 퀘들린부르크(Quedlinburg)의 아베스(Abbess) 공주의 권리 제외); 만스필드(Mansfield) 카운티의 프로이센 부분; 호헨슈타인(Hohenstein) 카운티의 프로이센 부분; 아이슈펠트(Eichsfeld); 그 영토 내의 노르드하우젠(Nordhausen) 소도시; 그 영토 내의 뮐하우젠(Mulhausen) 소도시; 도슬라(Dosla)와 트레푸르트(Treffurt) 지역의 프로이센 부분; 에르푸르스(Erfurth)의 소도시 및 영토(제28조에 의해 작센 바이마르 대공에게 할양된 바이마르 공국에 포함된 클라인-브렘바흐(Klein-Brembach) 및 발슈테트(Balstedt) 제외); 운터글라이헨(Untergleichen) 카운티에 속한 반데르슬레벤(Wandersleben) 관할구역; 슈발렌베르크(Schwallenberg), 올덴베르크(Oldenberg) 및 슈토펠베르크(Stoppelberg) 등의 관할 지역의 프로이센 부분 및 리페(Lippe) 영토에 소재한 하겐도른(Hagendorn) 및 오덴하우젠(Odenhausen)의 관할 지역의 파데르포른(Paderporn) 공국; 마르크(Mark) 카운티와 그에 속한 리프슈타트(Lippstadt) 부분; 베르덴(Werden) 카운티; 에센(Essen) 카운티;

제25조에 정한 라인(라인) 강의 오른쪽 둑에 있는 클레베스(Cleves) 공작 영지, 왼쪽 강기슭에 소재한 공작 영지 베젤(Wesel)소도시 및 요새;

제28조에 따른 영국 국왕이자 하노버 국왕에게 할양된 부분을 제외하고 뮌스터(Munster)의 과거 주교관할 지역의 프로이센 부분인, 세속화된 엘텐(Elten) 지부; 뮌스터(Munster) 공국; 카펜부르크(Cappenburg)의 세속화된 교회; 테츨레드베르크(Techledberg) 카운티; 헤르포드(Herford)의 세속화된 부분; 파리 조약 및 이 일반 조약의 제76조에 의해 규정된 국경선과 같은 발렌겐(Valengen)카운티가 있는 노이프샤텔(Neufchatel) 공국.

이와 동일한 처분은 베르니게로데(Wernigerode) 카운티에 대한 주권에 확대되어 호헨-림버그(Hohen-Limbourg) 카운티에 대한 높은 수준의 보호 및 틸지트 평화 조약 이전에 프로이센 국왕이 소유하고 행사고 다른 조약이나, 법률 또는 협약에 의해 포기되지 않은 모든 다른 권리 또는 주장에 적용된다.

제24조 프로이센 국왕은 전적인 재산과 주권으로 그와 그의 승계인들이 소유해야 하는 라인 강의 이 부분에 있는 다음의 국가들을 독일 내의 그의 군주국에 통합시켜야 한다:

제15조에 정한 작센의 지방으로 제29조에 따라 작센-바이마르 대공에게 할양된 장소와 영토는 제외;

제29조에 의해 영국 왕 하노버 국왕에 의해 프로이센에게 할양된 영토;

제40조에 정한 구역으로 통합된 영토와 같은 풀다(Fulda) 지역;

제12조에 따른 베츨라(Wetzlar)의 소도시 및 영토; 팔라틴(Palatine) 정부에 의해 기존에 해당 공작에 속해 있던 하덴베르크(Hardenberg), 브로크(Brock), 슈티룸(Styrum), 숄러(Scholler) 및 오덴탈(Odenthal) 등의 영지가 있는 베르크(Berg) 대공; 최근에 베르크(Berg) 대공에 속한 콜로네(Cologne)의 고대 대주교 관할 구역; 헤세(Hesse) 대공이 최근 소유한 베스트팔리아(Westphalia) 공작 영지; 도르문트(Dormunt) 카운티; 코르베이(Corbey) 공국; 제43조에 정한 합병된 구역.

다음과 같은, 네덜란드 국왕이 프로이센에 할양한 나사우-디에츠(Nassau-Dietz) 왕가가 소유한 고대 소유지 및 나사우(Nassau) 공작 및 군주에게 속한 구역과 교환된 이러한 소유지의 일부. 프로이센 국왕은 주권과 재산으로 이 구역을 소유하고 그의 공국에 통합시켜야 한다.

1. 부르바센트 노이커체트(Burbacnsend Neunkirchett)의 관할 구역의 지겐(Siegen) 공국 나사우(Nassau) 공작과 군주에게 속한 12,000명의 거주민을 포함한 지역은 제외)

2. 엔거스(Engers)와 헤드츠슈도르프(Heddcsdorf)의 호헨-솔름스(Hohen-Solms) 그라이펜슈타인(Greifenstein), 브라운펠스(Braunfels), 프로이스베르크(Freusberg), 프리데발트(Friedewald), 손슈타인(Schonstein), 숀베르크(Schonberg), 알텐키르헨(Altenkirchen), 알텐비드(Altenwied), 디르도르프(Dierdorf), 노이에부르크(Neuerburg), 린츠(Linz), 하메르슬라인(Hammerslein) 관할 지역; 네비드(Newied) 소도시 및 영토(반리우어 게마르쿵 Banlieur Gemarkung); 하켄베르크(Hackenberg)의 관할 지역에 속한 함(Hamn) 교구; 호르바르(Horbach) 관할 지역의 일부를 구성하는 호르

바우젠(Horhausen) 교구 및 라인 강 우측 강기슭에 있는 발렌다르(Vallendar)와 에렌브라이슈테인(Ehrenbreitstein)의 관할 지역 일대로 이 조약에 첨부된 프로이센 국왕과 나사우(Nassau) 공작/군주 간에 체결된 협약에 정한 지역.

제25조 프로이센 국왕은 또한 전적인 재산 및 주권으로 아래에 정한 국경선에 포함된 라인 강의 좌측 강기슭에 있는 국가들을 소유한다:

이 국경선은 빈젠(Bingen)에 있는 라인강에서 시작한다: 그 다음 나헤(Nahe) 강을 타고 거슬러 올라가 글란 강(Glan)과 합류지까지 올라가서 글란 강(Glan)을 따라 라우테레헨(Lauterechen)의 아래의 메다르프(Medarf) 마을까지 간다: 크로이츠나치(Kreutznach)와 마이젠하임(Meisenheim) 소도시들은 그 영토와 함께 전부 프로이센에 속한다; 단, Lauterechen과 그 영토는 프로이센 국경에서 제외된다. 글란(Glan) 강에서 국경선은 메다르트(Medart), 베르츠바일러(Merzweiler), 랑바일러(Langweiler), 나이데르(Neideer) 및 오베르 페첸바흐(Ober Fechenbach), 엘렌바흐(Ellenbach), 초인첸보른(Cheunchenborn), 아우스바일러(Ausweiler), 크론비칠러(Cronwciler), 니더브람바흐(Niederbrambach), 부르바흐(Burbach), 보쉬바일러(Boschweiler), 호이브바일러(Heubweiler), 함바흐(Hambach) 및 린첸베르크(Rintzenberg)를 지나 험츠-카일(Hermcs-Keil) 주의 경계선까지 지나간다; 이와 같은 장소들은 프로이센의 국경선 내에 포함되어야 하며 그 영토와 함께 프로이센에 속해야 한다.

린켄베르크(Rintzenberg)에서 자르(Sarre)까지 경계선은 주 한계선을 따라가서 헤르메슈킬(Hermeskiel)과 콘츠(Conz) 주는 (단, 콘츠(Conz) 주 내의 자르(Sarre) 강이 좌측 강기슭에 있는 장소는 제외됨)전부 프로이센에 남아야 하며, 반면 바더른(Wadern)과 메르지크(Merzig), 사레버그(Sarrebourg) 주들은 프로이센 국경선 너머에 있어야 한다.

고믈린겐(Gomlingen) 아래의 콘츠(Conz) 주의 경계선이 있는 지역으로부터 사레(Sarre) 강을 가로질러, 국경선은 모젤레(Moselle)에 이를 때까지 자르(Sarre) 강을 거슬러 올라가야 하며 그 이후 자르(Sarre) 강과 합류하는 지점까지 모젤레(Moselle)을 다시 올라가 자르(Sarre) 강으로부터 오우르(Our) 강의 하구까지 거슬러 올라가서 오우르(Our) 강을 따라 오우르테(Ourthe)의 고대 지역의 경계선까지 올라간다. 이 강들이 가로지르는 장소들은 분할되어서는 안 되며, 그 영토와 함께 이 장소의 더 넓은 지역이 위치한 주의 통치자가 소유해야 한다; 이 강들 자체는 국경선을 이루는 경우 국경선을 맞댄 두 지역의 통치자가 공동으로 소유해야 한다.

오우르테(Ourthe)의 옛 지역 내의 아우벌(Aubel) 주의 끝부분에서 엑스라 사펠(Aix-la-Chapelle) 남쪽까지 다섯 개 주는 (상-비스(Saint-Vith), 크로넨부르크(Cronenbourg), 슐라이덴(Schleiden), 및 오이펜(Eupen)) 프로이센에 속해야 하며, 국경선은 이 주들의 국경선을 따라 북쪽에서 남쪽으로 그은 선이 아우벌(Aubel) 주의 해당 지점을 절단할 수 있으며, 오우르테(Ourthe)와 뫼즈(Meuse) 하위 지역과 로에르(Roer)의 세 개의 오래된 지역과 접하는 부분까지 연장되어 국경선은 이 두개의 지역 (뫼즈(Meuse) 하위 지역과 로에르(Roer))를 분리하여 로에르(Roer)에 속하는 보름(Worm) 강에 도달할 때까지 그 선을 따라가며, 이 강을 따라가 다시 이 두 개의 장소의 경계선에 접촉하는 지점까지 따라간다. 그 이후 힐렌스베르크(Hillensberg) 남단 한계선을 따라서 북쪽으로 거슬러 올라가 힐렌스베르크(Hillensberg)를 프로이센에 속하도록 하고 지타트(Sittard) 주를 두 부분으로 거의 균등하게 절단하여 지타트(Sittard)와 좌측의 수스터렌(Susteren)이 과거의 네덜란드 영토까지 이르도록 하고; 그 다음으로 이 영토의 과거의 국경선을 따라가서, 루레몬데(Ruremonde) 측의 과거의 오스트리아의 구엘드레스(Gueldres) 공국에 접촉하는 부분까지 따라 올라가서, 네덜란드 영토의 최 동단의 방향으로 슈발멘(Swalmen)의 북쪽까지 따라가 이 영토가 포함될 때까지 계속 따라간다.

그 후, 최동단으로부터 시작하여, 국경선은 벤루(Venloo)가 위치한 네덜란드 영토의 다른 부분에 연결된다. 단, 벤루(Venloo) 소도시와 그 구역은 포함되지 않음: 그 후 아래 체넵(Cenep)에 소재한 무크(Mook)와 근접한 과거 네덜란드 국경선까지 가서 뫼즈(Meuse) 강을 따라가 이 강의 우측 강기슭으로부터 이 강기슭의 1000 Rhenish 야드(Rheinlandische Ruthen) 거리까지 소재한 모든 장소가 네덜란드 왕국에 속하도록 해야 한다; 단, 이 원칙의 상호 호혜 관련, 해당 지점이 800 Rhenish 야드 이내로 접근하지 않는 한, 뫼즈(Meuse) 강 강기슭의 어떠한 지점도 프로이센의 영토에 해당하지 않아야 한다.

기술된 선이 예전 네덜란드 국경선에 합류하는 지점으로부터 라인 강까지 이 국경선은 클레베(Cleves)와 연합 주 사이에서 1795년에 있었던 것 같이 유지되도록 해야 한다. 제66조와 68조에 정한 네덜란드 왕국과 룩셈부르크 대공국인 이 두 정부에 의해 지체없이 선임된 위원단이 유체 기술 건설 공사 및 기타 이와 유사한 사안에 대해 경험이 풍부한 사람들의 도움을 받아 프로이센 주와 네덜란드의 상호 이익에 부합하도록 가장 공평한 방식으로 검사하도록 하여 한계선을 정확하게 결정하도록 해야 한다. 이와 동일한 처리가 키프바예드(Kyfwaerd)와 로비스(Lobith)의 구역과 케커돔(Kekerdom)의 모든 영토의 한계를 정하는 데 적용된다.

세베나에르(Sevenaer)의 소도시의 후이센(Huissen)과 말부르크(Malburg), 르 리니에르(le Lyniers) 라는 이름의 장소와 빌(Weel) 공국은 네덜란드 왕국의 일부가 되며 프로이센 국왕과 그의 상속인 및 승계인은 이 지역을 영구적으로 포기한다.

프로이센 국왕은 본 조에 정한 지역과 구역을 주로 통합하는 과정에서 프랑스로부터 분할된 국가에 대해 그의 권리를 행사하고 1814년 5월 30일자의 파리 조약에 의해 규정된 그에게 부과된 모든 부과금과 행위를 부담한다.

콜로뉴(Cologne) 소도시 상부까지 라인 강의 두 개의 강 기슭에 있는 프로이센 지방은 또한 이 구역 내에 포함되어야 하며 로워 라인 대공국이라는 이름을 가져야 하며, 국왕은 그에 대한 소유권을 가진다.

제26조 대영제국과 아일랜드 국왕은, 신성로마제국의 선거인과 하노버 국왕이라는 고대의 칭호로 대체하고 이 칭호는 다음의 조항에 의해 향후에 인정되고 결정되는 그 한계선에 따라 모든 유럽의 열강 및 독일 군주들 및 자유 소도시 및 현재 브룬스비크 루네후르그(Brunswick Lunehurg)의 선거인을 구성하는 국가들에 의해 인정이 되었으며, 따라서 하노이 국왕에 해당한다.

제27호. 프로이센 국왕은 그와 그의 승계인들이 전적인 재산과 주권으로 소유하

게 되는 다음의 지역을 하노버 국왕인 대영제국 및 아일랜드 국왕에게 할양한다:

1. 힐데샤임(Hildesheim) 공국으로 프로이센 정부에 양도하는 것에 따른 모든 권리와 부과금과 함께 프로이센 국왕의 관리하에 할양 되어야 함
2. 고슬라(Goslar) 소도시와 그 영토
3. 동 프리젤란트(East Frieseland) 공국으로 할링거-란트(Harlinger-Land) 로 불리는 국가를 포함하고 엠스(Ems) 및 엠브덴(Embden) 항구의 무역을 위해 제30조에 정한 상호 호혜적인 조건에 따름 공국의 주들은 각자의 권리와 특권을 보유해야 한다.
4. 린겐(Lingen)의 하위 카운티 니더 그라프트샤프트(Nieder Graftschaft)와 프로이센의 뮌스터(Munster) 공국 일부로 이 카운티와 하노버 정부가 점령한 라이나 볼베크(Rheina Wolbeck)의 일부 사이에 위치함; 하지만 하노버 왕국이 이 할양에 의해 22,000 명의 인구로 구성되어 있는 린겐(Lingen)의 하위 카운티로서 뮌스터(Munster) 공국의 일부로서 영토를 취득을 한다는 것에 합의하였으며, 따라서 해당 카운티가 이러한 조건을 충족시키지 못하는 경우 프로이센 국왕은 경계선(국경선)을 해당 인구수가 포함되는데 필요한 거리 만큼 뮌스터(Munster) 공국으로 확장할 수 있다. 해당 경계를 정확하게 결정하기 위해 프로이센과 하노버 정부가 지체없이 지정해야 하는 위원회는 이 조항의 집행하는 임무를 특별히 부여 받아야 한다.

프로이센 국왕과 그의 자손, 승계인들은 본 조항에 정한 지방과 영토를 그에 대한 권리와 함께 영구적으로 포기한다.

제28조 프로이센 국왕과 그의 자손, 승계인들은 하노버 영토에 위치한 모르텐(Morten) 보로 내에서 아이슈펠트(Eichsfefd)의 군주의 자격으로 국왕이 성 베드로사도단에 대해 가질 수 있는 모든 권리와 청구를 포기한다.

제29조 대영제국 및 아일랜드 국왕이자 하노버 국왕은 다음의 지역을 프로이센 국왕에게 할양하여 프로이센 국왕과 그의 승계인들이 전적인 재산 및 주권으로 다음의 지역을 소유하도록 한다:

1. 엘베 강 우측 강기슭에 있는 라우엔버그(Lauenbourg, 의 공국의 일부와

동일한 강기슭에 위치한 루네버그(Lunebourg)의 마을들. 좌측 강기슭에 있는 공국 부분은 하노버 왕국의 소유로 남는다. 프로이센의 관리에 따라 할양되는 공국의 해당 부분의 주들은 각자의 권리와 특권을 보유한다; 이 권리와 특권은 특히 1702년 9월 15일자의 지방 휴회 시에 정한 것으로 1765년 6월 21일자로 현재 군림하는 대영 제국의 국왕에 의해 확인되었다.

2. 클로체(Klotze) 관할구역
3. 델빈게소드(Elbingesode) 관할구역
4. 루디거샤겐(Rudigershagen)과 간제타이치(Ganseteich)의 마을들
5. 레케베르크(Reckeberg) 관할구역.

영국 국왕이자 하노버 국왕과 그의 후손, 승계인은 본 조항에 정한 지역 및 구역 및 이에 대한 모든 권리를 영구히 포기한다.

제30조 에라스(Eras)와 엠브덴(Embden) 항구의 무역의 이익을 전적으로 균등하게 하고 각자의 국민들에게 이익을 볼 수 있도록 하고자 하는 프로이센 국왕과 영국 국왕이자 하노이 국왕은 다음 사항에 합의하였다:

1. 하노버 정부는 1815년과 1816년에 프로이센 국경으로부터 엠스(Ems) 강 하구까지 연장하는 엠스(Ems) 강의 해당 부분을 항해 가능하게 만들고, 해당 공사를 시행한 후 항해를 위해 공사를 한 것과 동일한 상태를 항상 유지하도록 하기 위해, 기술자들로 구성되고 프로이센과 하노버가 즉시 선임해야 하는 위원회가 필요하다고 간주되는 공사를 각자의 비용 부담으로 시행하도록 해야 한다.

2. 프로이센 국민들은 엠브덴(Embden) 항구에서 모든 종류의 식량, 생산물 및 물품 등을 수입, 수출하고, 하노버 국민들에 비해 추가 검사의 대상이 되는 일 없이, 천연 및 인공 상품을 도착하는 날로부터 2년간 보관할 수 있는 창고를 엠브덴(Embden) 소도시에 둘 수 있도록 허용 받아야 한다.

3. 프로이센 선박 및 상인들은 하노버 국민들에게 부과되는 것이 아닌 다른 항해 또는 상품의 수출입이나 보관에 대해 수수료 또는 기타 통행료, 관세 등을 지불해서는 안 된다. 이러한 통행료 및 관세는 프로이센과 하

노버 간의 합의에 따라 규제 되어야 하며 상호 동의 없이는 그 후 관세에 대한 어떠한 변형도 이루어져서는 안 된다. 이렇게 정해진 특권과 자유는 프로이센 국왕의 소유로 남은 엠스(Ems) 강의 일부를 항해하는 하노버 국민들에게 평등하게 적용된다.

4. 프로이센 국민들은 항구에서 진행되는 무역을 위해 엠브덴(Embden) 상인들을 고용하도록 강제되어서는 안 되며, 상호 동의 없이 관세를 인상할 수 없으며, 하노버 국민들에게 부과되는 것이 아닌 다른 관세를 지불하지 않고 소도시의 거주민이나 외국인들에게 상품을 판매할 수 있는 자유가 있어야 한다.

프로이센 국왕은 하노버 국민들에게 슈테크니츠(Stecknitz) 운하를 자유로이 항해할 수 있도록 하고 라우엔버그(Lauenburg) 공국의 거주민들이 지불하는 것이 아닌 다른 관세를 강제로 납부하도록 해서는 안 된다. 라우엔버그(Lauenburg)의 공국을 다른 주권국에게 할양하는 경우에는 프로이센 국왕은 또한 하노버 국민들에게도 이러한 혜택을 보장해 준다.

제31조 프로이센 국왕과 대영제국 및 아일랜드 국왕은 각자의 영토 전역에 다음과 같은 3개의 군사 도로를 두기로 상호 합의한다.

1. 첫번째 도로-할버슈타트(Halberstadt)부터 힐데쉠(Hildeshem) 국부터 민덴(Minden)까지 전 지역

2. 두 번째 도로-올드 마치(Old March)부터 기호른(Gihorn) 및 노우슈타트(Noustadt)에서 민덴(Minden)까지 전 지역

3. 세 번째 도로-오스나브루크(Osnabruck)부터 이펜부렌(Ippenburen)과 라이나(Rheina)에서 벤테임(Bentheim)까지 전 지역

처음 두 개의 도로는 프로이센을 위한 것이며 나머지 세 번째 도로는 하노버를 위한 것임.

이러한 두 정부는 지체없이 위원회를 선임하여 공동 동의 하에 해당 도로의 건설에 대한 필요한 규정을 준비해야 한다.

제32조 현재는 임시로 하노버 정부가 점유하고 있는 루츠-코르스바렌(Looz-Corswaren) 공작의 소유인 라이나 볼베크(Rheina Wolbeck)의 일부뿐만 아니라 아렘베르크(Aremberg) 공작의 소유인 메펜(Meppen) 관할 구역은, 독일 연

방 헌법이 합병된 영토에 대해 규정하는 바와 같이 하노버 국왕과 관련되도록 해야 한다. 그럼에도 불구하고 프로이센과 하노버 정부는 필요한 경우 루츠-코르스바렌(Looz-Corswaren) 공작 소유인 국가 관련 또 다른 국경선을 결정하는 데 합의할 수 있는 권리를 유보하며; 이 정부는, 하노버 정부가 소유하게 될, 루츠-코르스바렌(Looz-Corswaren) 공작 소유인 카운티 지역의 국경선을 명확하게 조정하기 위해, 위원회에게 하노버에 할양한 린겐(Lingen) 카운티 부분의 한계선을 심의하여 결정하도록 해야 한다.

하노버 정부와 벤타임(Bentheim) 카운티 간의 관계는 대영제국 국왕과 벤타임(Bentheim) 백작 간에 존재하는 모르트가제(Mortgage) 조약에 의해 규정된 바와 같이 유지해야 하며, 이 조약으로부터 파생된 권리가 만료된 경우, 하노버 국왕에 대한 Bentheim 백작의 관계는 독일 연방 헌법이 합병된 영토에 대해 규정한 바와 같다.

제33조 대영제국 국왕이자 하노버 국왕은 올덴부르크(Oldenburg) 백작을 위해 영토의 적절한 구역을 구하고자 하는 프로이센 국왕의 의향을 충족시키기 위해, 5,000명의 거주 인구가 있는 지역을 프로이센 국왕에게 할양하기로 약속한다.

제34조 홀슈타인-올덴부르크(Holstein-Oldenburg) 백작은 올덴부르크(Oldenburg) 대공이라는 칭호를 받는다.

제35조 메힐렌부르크-슈베린(Mechlenburg-Schwerin)과 메클렌부르크-슈베린(Mecklenburg-Schwerin) 공작은 메클렌부르크-슈베린(Mecklenburg-Schwerin)과 슈트렐리츠(Strelitz) 대공 칭호를 받는다.

제36조 작센-바이마르 공작은 작센-바이바르 대공 칭호를 받는다.

제37조 프로이센 국왕은 이 조약에 의해 결정되고 인정된 바와 같이 그가 소유한 많은 주의 지역 중 바이마르 공국과 인접하거나 국경선을 맞댄 50,000 거주 인구가 포함된 지역을 작센-바이마르 대공에게 할양해야 한다.

프로이센 국왕은 동일한 조항에 따라 그에게 제공된 풀다 공국의 해당 지역 이외의 지역의 왕족에 대해서는 27,000 거주민이 있는 지역을 할양하기로 한다.

바이마르 대공은 전적인 재산 및 주권을 가진 상기의 지역을 소유해야 하며 동 지역을 그의 현재 주들에 영구적으로 통합시켜야 한다.

제38조 작센-바이마르 대공에게 할양되어야 하는 지역과 영토는 특정 협약에 의해 결정되어야 하며 프러시아 국왕은 이 협약을 체결하고 상기의 지역과 영토는 프로이센 국왕과 그의 왕족 대공 간에 1815년 6월 1일에 빈에서 체결된 조약의 비준서 교환일로부터 2개월 이내에 그의 왕족들에게 제공해야 한다.

제39조 단, 프로이센 국왕은 상기에 언급된 조약에 서명한 날로부터 2주 이내에 다음의 지역과 영토를 그의 왕족에게 즉시 할양하여 제공하기로 약속한다.

이 할양에 해당하지 않는 운터-글라이첸(Unter-Gleichen)의 소유인 블란켄하인(Blankenhayn)의 영지 반더슬레벤(Wandersleben) 관할구역은 유보.

에카르츠베르가(Eckartsberga)의 관할 지역의 일부를 구성하는, 크라니치펠트(Kranichfeld)의 영지 아래쪽, 독일 기사단 자바에첸(Zwaetzen), 레헤슈텐(Lehesten) 및 리브슈테트(Liebstedt)의 영지와 그 소유지의 세입 등은 해당 관할 지역에 속하는 바이마르 공국 내에 포함된 모든 다른 영토 뿐만 아니라 작센-바이마르 영토에 포함되며; 프로이센의 소유로 남는 드로이젠(Droizen)과 고르쉔(Gorschen), 브탈룽(Wthalung), 베터샤이드(Wetterscheid), 몰슈츠(Mollschutz) 등을 제외하고, 타우텐부르크(Tautenburgh) 관할구. 에르푸르스(Erfurth)의 영토에 속한 바이마르 공국에 포함된 클라인-브렘바흐(Klein-Brembach)와 베를슈테트(Berlstedt)의 마을들뿐만 아니라 렘슬라(Remssla) 마을.

그 주권이 왕족인 대공의 소유인 아이제나흐(Eisenach) 영토 내에 포함된 비스쇼프스로다(Bisschoffsroda)와 프로브슈타이젤라(Probsteizella) 마을들의 재산.

이러한 서로 다른 지역의 인구는 50,000명이며 제37조에 의해 작센-바이마르 왕족에게 보장하는 것으로 이해된다.

제40조 풀다 지역은 이웃한 고대 노블레세(Noblesse) 영토와 함께 프로이센 국왕에게 할양되며 금년 6월 15일부터 3주 이내에 프로이센 국왕이 소유하도록 해야 한다. 해당 영토는 임시 관리하에 현재 다음의 지역으로 구성

된다: 즉, 만스바흐(Mansbach), 부체나우(Buchenau), 베르다(Werda), 렝슈펠트(Lengsfelt). 단, 다음의 관할 지역 및 영토는 제외: 툴바(Thulba)와 살레크(Saleck), 브루케나우(Bruckenau), 모텐(Motten), 살문스터(Saalmunster), 우르젤(Urzel), 소너츠(Sonnerz)을 포함한 함멜부르크(Hammelburg)관할 구역; 또한 부르츠부르크(Wurzburg) 대공국에 포함된 홀츠키르헨(Holzkirchen) 영지 뿐만 아니라 바텐(Batten), 브란트(Brand), 디츠제스(Dietges), 핀들로스(Findlos), 리브하르츠(Liebharts), 멜퍼츠(Melperz), 오버-베른하스트(Ober-Bernharst), 사이퍼르츠(Saifferts) 등의 마을을 포함한 비버슈타인(Biberstein) 관할 지역.

프로이센 국왕은 본 조항에 의해 그가 취득한 영토에 비례하여 프랑크푸르트(Frankfort) 대공국의 모든 신규 소유자들이 이행해야 할 의무 중 그가 분담해야 하는 의무를 이행하고, 그가 추후에 풀다의 이러한 지역 및 영토를 교환이나 할양을 하는 군주들에게 해당 의무를 이행하도록 한다.

제41조 모든 분할 매수대금을 지불하지 않은, 매수인들에게 판매된 풀다 공국과 하나우(Hanau) 카운티 지역의 경우, 해당 지역을 양도 받은 군주들은 위원회를 지정하여 그 거래의 형태를 불문하고 통일된 방식으로 해당 지역의 매수인의 청구에 대해 재판을 진행하도록 해야 한다.

이 위원회는 특히 동맹 열강들과 헤세(Hesse) 선거인 왕족 간에 1813년 12월 2일 프랑크푸르트(Frankfort)에서 체결한 조약을 주목해야 하며; 해당 조약은 다음의 원칙을 규정하였다. 해당 구역의 매도가 법적 구속력을 가진 것으로 간주해서는 안되는 경우, 매수인들은 이미 지불한 대금을 환불 받아야 하며, 이러한 전액 환불이 전적인 효력으로 이루어질 때까지는 매수인들은 중단해야 할 의무는 없다.

제42조 베츨러(Wetzler) 소도시와 영토의 모든 재산과 주권이 프로이센 국왕에게 이전된다.

제43조 다음의 합병된 지역은 독일 연방 헌법이 합병된 영토를 규정하는 바와 같이 프로이센 왕가에 부여되어야 한다: 1803년 2월 25일자의 제국의 특별 대표위원의 주요 칙서에 의해 살름-살름(Salm-Salm)과 살름-키르부르크(Salm-Kyrburg) 군주들, 라이문트(Rheimunt)와 빌드그라텐(Wildgraten)

의 백작들 및 크로이(Croy) 공작 등이 취득한 베스트팔리아(Westphalia)의 옛날 원형 지방의 소유지, 안홀트(Anholt)와 게흐멘(Gehmen)의 영지, (하노버 정부의 관리하에 있지 않는 한) 동일한 상태에 있는 루츠-코르츠바렌(Looz-Corzwaren) 공작의 소유지, 벤타임-벤타임(Bentheim-Bentheim) 백작 소유의 슈타인푸르트(Steinfurt) 카운티, 아렘베르크(Aremberg) 공장 소유의 레힐링스하우젠(Rechlingshousen) 카운티, 벤타임-테클렌부르크(Bentheim-Tecklenburg) 백작 소유의 레다(Rheda), 구터슬로흐(Gutersloh)와 그로나우(Gronau) 영지, 카우니츠(Kaunitz) 군주 소유의 리트베르크(Rittberg) 카운티, 발모덴(Walmoden) 백작 소유의 노이슈타트(Neustadt)와 군보른(Gunborn) 영지, 작센-비트겐슈타인-벌레부르크(Wittgenstein-Berleburg) 군주 소유의 홈부르크(Homburg) 영지.

프로이센 영토 내의 고대의 직계 귀족의 소유지와 특히 베르크(Berg) 대공국 내의 빌덴베르크(Wildenberg) 영지와 할버슈타트(Halberstadt) 공국 내의 샤우츤(Schaucn) 남작의 영지 등은 프로이센 군주국의 소유지가 되어야 한다.

제44조 바바리아(Bavaria) 국왕과 그의 상속인, 승계인은 전적인 재산 및 주권으로, 이는 오스트리아 황제 대공 페르디난드(Ferdinand)가 보유한 부르츠부르크(Wurtzburg) 대공국 및 아샤펜부르크(Ashaffenburg) 부처의 지배하에 있는 프랑크푸르트(Frankfort) 대공국의 일부에 해당하는 아샤펜부르크(Aschaffenburg) 공국을 소유해야 한다.

제45조 권리와 특권 및 고대 성직 군주로서 군주 대주교(Prince Primate)의 지위 유지와 관련해 다음과 같이 결정되었다:

1. 그(군주 대주교)는 세속화 군주 지위를 규정한 1803년 칙서 조항과 그와 관련해 준수되는 관행 등과 유사한 방식으로 취급되어야 한다.
2. 그는 이러한 목적을 위해 1814년 6월 1일부터 매 3개월 마다 100,000 플로린(영국 에드워드(Edward) 3세 때 화폐)의 연금을 받아야 하며 1마르크 당 24플로린으로 계산한다.

이 연금은 프랑크푸르트(Frankfort) 대공국의 지방 또는 지역이 통과하는 정부의 주권자들이 각자 소유지분에 비례하여 지불해야 한다.

3. 군주 대주교(Prince Primate)가 사비로 풀다 공국에게 지불한 선금은 확정되거나 입증된 경우, 그 또는 그의 상속인, 유산집행인 등에게 환불되어야 한다. 이러한 경비는 풀다 공국을 구성하는 지방과 구역을 소유하는 주권자들이 지분에 비례하여 분담해야 한다.
4. 군주 대주교(Prince Primate)의 사적 재산에 속하는 것으로 입증될 수 있는 가구 및 기타 물건은 그에게 반환되어야 한다.
5. 군사 및 외교, 민사 및 기독교 관련 업무를 하는 프랑크푸르트 대공국의 직원들은 1803년 2월 25일자의 제국 의정서(The Protocol of the Empire)의 제59조의 원칙에 부합하도록 대우해야 하며 6월 1일부터 1814년 6월 1일 이후의 해당 대공국을 형성한 주들의 소유권을 가지는 주권자들이 그 지분에 비례하여 이들에게 연금을 지불해야 한다.
6. 이러한 주권자들이 선임한 위원들로 구성된 위원회가 지체없이 설치하여 본 조항에 정한 처분 사항을 집행하는데 관련된 사안을 규정하도록 해야 한다.
7. 이러한 조치에 따라, 프랑크푸르트 대공의 성격을 가지는 군주 대주교(Prince Primate)를 상대로 제기될 수 있는 모든 청구는 무효이며 이러한 성격의 반환 요구(청구)로 인해 군주 대주교(Prince Primate)는 방해를 받아서는 안 된다.

제46조 프랑크푸르트 시는 그 영토와 함께 1803년의 경우와 같이 자유 도시로 선언하며 독일 연방(Germanic League)의 일부가 되어야 한다. 그 조직은 기독교의 다른 종파에게도 완전히 평등한 권리를 주어야 한다는 원칙에 기반해야 한다. 평등한 권리는 모든 시민권 및 정치적 권리로 확대되어야 하며 정부와 행정부의 모든 사안에서 준수되어야 한다.

헌법의 수립이나 그 유지 등에 관해 발생되는 분쟁은 독일법(Germanic Diet)에 회부되어야 하며 그에 따라서만 결정될 수 있다.

제47조 헤세(Hesse) 대공은, 프로이센 국왕에게 할양한 베스트팔리아(Westphalia) 공국과 교환하여, 고대의 토네르(Tonnerre) 산의 일부에 있는 140,000명의 거주 인구가 있는 라인 강의 왼쪽 강기슭에 있는 영토를 취득한다. 대공은 전적인 주권과 재산으로 이 영토를 소유하며, 이와 같이 나헤(Nahe) 강의

좌측 강기슭에 있는 크로이쯔나흐(Kreusznach) 소금 광산을 재산으로 취득한다. 단, 이에 대한 주권은 프로이센이 가진다.

제48조 홈허그(Homhurg) 영주는 라인 동맹의 결과로 박탈 당했던 소유물, 세입, 권리 및 정치적 관계를 회복한다.

제49조 프로이센 국왕의 주들의 국경선에 있는 69,000명의 인구를 포함한 구역이 있는 센레(Sanre)의 기존 부서는 다음과 같은 방식으로 처리해야 한다:

작센-코부르크(Coburg) 공작과 올덴부르크(Oldenburg) 공작은 각각 20,000명의 거주민으로 구성된 영토를 취득해야 한다. 메클렌부르크-슈트렐리츠(Mecklenburg-Strelitz) 공작과 일레제-홈푸르크(Ilesse-Homburg) 영주는 각각 10,000명의 거주민으로 구성된 영토를 취득해야 하며; 파펜하임(Pappernheim) 백작은 9,000명의 거주민으로 구성된 영토를 취득해야 한다.

파펜하임(Pappernheim) 백작의 영토는 프로이센 국왕의 통치권의 지배를 받아야 한다.

제50조 전 조항에 의해 각자의 국가에 근접하지 않은, 작센-코부르크(Coburg) 공작, 올덴부르크(Oldenburg), 메클렌부르크-슈트렐리츠(Mecklenburg-Strelitz) 공작들, 헤세-홈부르크(Hesse-Homburg) 백작, 오스트리아 황제, 모든 러시아 황제, 및 대영제국 및 프로이센의 국왕 등에게 배정된 인수는 현재의 전쟁이 종식된 때 또는 상황이 허락 하는 한 빠른 시일 내에 해당 군주들에게 이익을 주고 덜 복잡하게 해당 지역에 대한 행정관리를 하도록 하기 위해, 교환이나 기타 방식으로 사무실을 설립하기로 약속하며 신규 사업자들에게 혜택을 주기 위해 임시로 프로이센의 행정부의 관리 하에 두어야 한다.

제51조 1814년 5월 30일자의 파리 조약에 의해 열강 국가들에 의한 처분 대상이 되었고, 이 조약의 다른 조항에 의해 처분되지 않은 사레(Sarre)와 몽트-토네르(Mont-Tonnere)의 구 지역 내의 라인 강의 좌측 강기슭뿐만 아니라 풀다 및 프랑크푸르트의 기존 구역에 있거나 주변 국가에 포함된 모든 영토와 소유물은, 완전한 재산과 주권으로 오스트리아 황제 정부에 귀속되어야 한다.

제52조 이센부르크(Issenburg) 공국은 황제와 코얄(Koyal) 오스트리아 황제의 지배력 하에 두어야 하며 그의 소유가 되어야 한다. 단, 독일 연방 헌법이 합병된 주들에게 적용되어야 한다는 제한을 받는다.

제53조 독일의 주권 군주 및 자유 도시는 현재의 목적을 위해 오스트리아 황제와 프로이센 국왕, 덴마크 국왕 및 네덜란드 국왕 관련 다음과 같이 이해된다:

> 고대에 독일 제국에 속했던 모든 소유물에 대해서는 오스트리아 황제와 프로이센 국왕이, 홀스타인(Holstein) 공국에 대해서는 덴마크 국왕이, 그리고 룩셈브르크 대공국에 대해서는 네덜란드 국왕이 그들 간의 영구적인 연합을 구성하며 이 연합을 '독일 연방'(Germanic Confederation)이라 칭한다.

제54조 이 연방의 목적은 독일의 국내외의 안전과 연방에 속한 국가들의 독립성과 불가침성을 유지하는 것이다.

제55조 독일 연방의 회원국은 동등한 권리를 가지며 연합을 구성하는 법을 동등하게 유지한다.

제56조 독일 연방의 사안은 연방 규정에 정해야 하며, 모든 회원들은 다음과 같은 방식으로 그들의 지위에 영향을 주지 않고 전권대사를 통해 개별적으로 또는 연합하여 투표해야 한다:

1. 오스트리아
2. 프로이센
3. 바바리아
4. 작센
5. 하노버
6. 부르템부르크(Wurtemburg)
7. 바덴(Baden)
8. 선거인 헤세(Electoral Hesse)
9. 헤세(Hesse) 대공국
10. 홀슈타인(Holstein)을 대신한 덴마크
11. 룩셈부르크를 대신한 네덜란드

12. 작센 대공국 및 공국 왕가

13. 브룬스비크(Brunswick) 및 나사우(Nassau)

14. 메클린부르크-슈베린(Mecklcnburg-Schwerin) 및 슈트렐리츠(Strelitz)

15. 홀슈타인-올덴부르크(Holstein-Oldenburg), 안할(Anhall) 및 슈바르츠부르크(Schwartzburg)

16. 호헨졸렘(Hohenzollem), 리히텐슈타인(Lichtenstein), 로이스(Reuss), 샤움부르크(Schaumburg), 리페(Lippe) 및 발데크(Waldeck)

17. 루베크(Lubeck), 프랑크푸르트, 브레멘(Bremen) 및 함부르크(Hamburgh) 등과 같은 자유 소도시

총 투표

제57조 오스트리아는 연방 규정에 의해 의장국이 되며 연방에 속한 각 국가는 의제를 제시할 수 있는 권리가 있으며 의장 국은 특정한 기한 내에 심의를 하여 해당 의제를 부의해야 한다.

제58조 기본법이 제정되거나 연방 기본법이나 연방 법률 자체 관련 채택된 조치 및 공동 이익을 위해 세워진 조직이나 기타 계획 등이 변경되어야 하는 경우는 항상 규정 자체가 총회에 회부되어야 하며, 이 경우, 각 국가의 범위에 따라 계산된, 투표권이 다음과 같이 배정되어야 한다:

	투표권수
오스트리아	4
프로이센	4
작센	4
바바리아	4
하노버	4
부템부르크(Wutemburg)	4
바덴	3

선거인 헤세(Electoral Hesse)	3
헤세(Hesse) 대공국	3
홀스타인	3
룩셈부르크	3
브룬스비크(Brunswick)	2
메클린부르크-슈베린(Mecklenburg-Schwerin)	2
나사우(Nassau)	3
작센 바이마르(작센-바이마르)	1
작센 고타(Gotha)	1
작센 코부르크(Coburg)	1
작센 힐드부르크 하우젠(Hildburghausen)	1
메클렌부르크-슈트렐리츠(Mecklenburg-Strelitz)	1
홀스타인 올덴부르크	1
안할트-데사우	1
안할트-베른부르크	1
안할트-코텐	1
슈바르츠보르그-손데르샤우젠	1
슈바르츠보르그-루트플라슈타트	1
호헨졸레른-헤킨겐	1
리브텐슈타인	1
호헨졸레른 지그마리겐	1
발데크	1
로이스(구 구역)	1
로이스(신 구역)	1
샤움부르크-리페	1
리페	1

루베크 자유 소도시	1
프랑크푸르트 자유 소도시	1
브레멘 자유 소도시	1
함부르크 자유소도시	1
총 투표권 수	69

연방의 조직 법에 대한 심의를 하는 때에 연방은 공동 (집단) 투표가 고대의 제국의 합병된 국가들에게 부여해주어야 하는 지 여부에 대해 고려해야 한다.

제59조 상기에 수립된 원칙에 부합하도록 하기 위해, 특정 사안을 총회가 논의해야 하는 지 여부에 대한 문제는 과반수 찬성에 의해 일반 총회에서 결정되어야 한다.

이 총회는 총회에 상정해야 하는 결의서 초안을 작성해야 하며 채택이나 거절을 결정하는데 모든 필요한 정보를 총회에 제공해야 한다. 정기 총회와 일반 총회에서는 다수결에 의해 결정을 내려야 한다. 단, 정기 총회에서는 절대 과반수 찬성이 충분한 것으로 간주되는 반면, 일반 총회에서는 투표수의 2/3의 찬성이 필요하다. 정기 총회에서 가부 동수인 경우, 의장이 캐스팅 보트를 한다. 단, 총회가 기본법 또는 조직 구성, 개인의 권리 또는 종교 사안 등의 채택 또는 변경에 대해 심의해야 하는 경우, 정기 총회 또는 일반 총회에서 다수결에 의한 결정은 충분하지 않다.

의회는 영구적이다. 단, 그 심의를 위해 회부된 사안이 처분된 경우, 4개월을 초과하지 않는 지정 기간 동안 휴정될 수 있다.

휴정 기간 동안 발생될 수 있는 긴급 사안을 연기하거나 통지하는 것과 관련된 모든 이면 계획(조치)는 의회에 유보되어야 하며 의회는 조직 법에 대한 준비 작업을 할 때에는 해당 이면 계획을 고려한다.

제60조 연방의 회원국이 투표를 하는 순서와 관련해, 다음 사항이 합의되었다. 의회가 조직 법을 수립하는 경우, 어떠한 확정된 규정이 있어서는 안 되며 준

수해야 할 순서가 있는 경우는 회원들에게 불이익을 주어서는 안 되며 미래를 위한 선례를 수립해서도 안 된다. 조직 법을 만든 후에 의회는 영구적인 규정으로 이 사안을 처리하는 방식에 대해 심의해야 하며 이 목적을 위해 의회는 고대의 의회, 더 구체적으로는 1803년의 제국 대표단의 휴회기간에서 관찰된 것으로부터 거의 벗어나지 않을 것이다. 채택된 순서는 연방의 회원국의 등급과 우선순위에 절대 영향을 주지 않아야 한다. 단, 의회와 관련되는 경우는 제외.

제61조 의회는 마인(Maine) 강에 면한 프랑크푸르트에서 모이며 그 최초의 회의는 1815년 9월 1일로 정해졌다.

제62조 개최된 후 의회가 고려해야 하는 첫번째 주제는 연방과 그 조직 구성 및 외부적으로는 군사 및 내부 관계 등의 기본법을 만드는 것이어야 한다.

제63조 연방의 국가들은 독일 전체는 물론 연방의 개별 국가가 공격을 당하는 경우 이들을 방어하며 이들은 서로 이 연방을 구성하는 그들의 재산을 상호 보장한다.

연맹에 의해 전쟁이 선포된 경우, 어떠한 회원국도 다른 회원국들의 동의가 없는한 적과 별도의 협상이나 화해를 하거나 휴전협정을 체결할 수 없다.

마찬가지로 연맹에 가입한 국가들은 어떠한 명분으로든 서로를 상대로 전쟁을 하지 않으며 무력으로 우월함을 과시하지 않으며 의회에 상정하여 위원회라는 방식으로 중재를 시도한다. 만약 성공하지 못하는 경우, 사법적 해결이 필요하며, 잘 조직된 아우슈트레갈(Austregal) 법원에 제소해야 하여 다툼을 하는 당사자들은 그 결정에 승복해야 하며 항소는 할 수 없다.

제64조 원어와 불어 번역본으로 된, 이 '일반 조약'에 첨부된 독일 연방 법 내의 '특별 조치'라는 이름 아래 포함된 조항들은 본문에 포함된 것과 같이 동일한 효력을 가진다.

제65조 다음의 조항에 의해 결정된 범위 내에 있는 네덜란드의 고대의 통합된 지방들과 후기 벨기에 지방은 오렌지-나사우(Orange-Nassau) 군주, 연합 주의 군주, 네덜란드 왕국의 군주 등의 자주권에 따라 동일한 조항에 정한

국가들과 영토와 함께 해당 통합된 지방의 구성 법에 의해 이미 정해진 승계 서열로 된 세습을 형성해야 한다. 왕족의 칭호와 특권은 오렌지-나사우(Orange-Nassau) 왕가의 모든 열강들에 의해 인정된다.

제66조 네덜란드 왕국을 구성하는 영토가 포함된 (국경)선은 다음의 방식으로 결정된다: - 1814년 5월 30일의 파리 조약의 제3조에 의해 비준되고 결정된 바와 같이 바다를 떠나 네덜란드 측의 프랑스 국경선을 따라 뫼즈(Meuse) 강까지 확대되고; 그 이후 룩셈부르크 공국의 옛 한계선까지 국경선을 따라간다. 이 지점부터 이 공국과 옛 비숍프리크 오브 리게(Bishoprick of Liege) 간의 한계선 방향으로 따라가 다이펠트(Deiffelt)의 남단까지 해당 주 및 말메디(Malmedy)의 서쪽 한계선에 다다를 때까지 가서 말메디(Malmedy)쪽의 경우는 우르테(Ourthe)와 로에(Roer) 강의 옛 지역 간의 한계선까지 간다; 그 후 이 한계선을 따라가 림부르크(Limburg) 공국 내의 구 프랑스 외펜(Eupen) 주의 한계선에 다다를 때까지 가서 북쪽 방향의 이 주의 서쪽 한계선을 따라가 오른쪽으로 가서 구 프랑스 아우벨(Aubel) 주의 작은 지역으로 가 우르테(Ourthe)와 뫼즈(Meuse) 강 하류와 로에(Roer) 강의 3개의 구 지역이 합류하는 지점까지 간다; 이 지점에서 다시 출발해, 이 선은 두 개의 뫼즈(Meuse) 강 하류와 로에(Roer) 강구역이 분리되는 지점까지 가서 보름(Worm) 강(로어(Roer) 강으로 흐르는 강)까지 간 후 이 강을 따라가 두 개의 지역의 한계선에 도달하는 지점까지 가서 힐렌스베르크(Hillensberg)(로어(Roer) 강 구 지역) 남단 한계선쪽으로 간다. 이 지점에서 북쪽으로 다시 거슬러 올라가 힐렌스베르크(Hillensberg)를 오른편으로 두고 시타르트(Sittard) 주를 두 개의 같은 크기의 부분으로 분할하여 시타르트(Sittard)와 수슈테렌(Susteren)을 좌측으로 두고 구 네덜란드 영토까지 간다; 그곳에서 이 영토를 좌측에 두고 동쪽 국경선을 따라가 루렘몬데(Ruremonde) 쪽 구엘드레스(Gueldres)의 구 오스트리아 공국에 다다를 때까지 가고 슈발멘(Swalmen)의 북쪽으로 네덜란드 영토의 최 동단까지 가서 계속 이 영토를 포함시킨다.

마지막으로 최동단으로부터 출발하여 벤포(Venlpo)가 위치해 있는 네덜란드 영토 부분에서 합류하고; 이 도시와 그 영토가 포함된다. 그 후 게

네프(Genep) 상단에 있는 무크(Mook) 근처의 구 네덜란드 국경선까지 가서 뫼즈(Meuse) 강을 따라 가서 우측 강기슭으로부터 라인 강의 1000 야드 이내의 모든 장소가 네덜란드 왕국에 속하도록 한다; 단, 이 원칙의 상호 호혜 원칙에 따라 이해된 바는 프로이센 영토는 뫼즈(Meuse) 강에 닿는 지점이되어서는 안 되며 라인 강의 1000 야드의 거리 이내로 접근하도록 해서는 안된다는 것이다.

이 선이 옛 네덜란드 국경선에 다다르는 지역으로부터 라인 강까지 가서 이 국경선은 클레베(Cleves)와 연합된 지방 간의 1795년의 상태와 동일하게 유지해야 한다. 이 선은 룩셈부르크 대공국으로서 제67조에 정한 네덜란드 왕국의 정확한 한계선 결정이라는 목적을 위해 프로이센과 네덜란드 정부가 지체없이 선임해야 하는 위원회의 검사를 받아야 하며; 이 위원회는 전문가의 도움을 받아 유체기술건설 관련 모든 사안 및 기타 이와 유사한 사안을 가장 형평법에 맞는 방식으로 프로이센과 네덜란드 국가들의 상호 이익에 가장 부합하도록 규정해야 한다. 이와 동일한 절차는 키프바어트(Kyfwaerd)와 로비스(Lobith) 지역 및 케커돔(Kekerdom)까지 이르는 전 지역 내의 한계선 결정에도 적용한다.

세베네어(Sevenaer) 소도시와 빌(Weel) 영지와 함께 휘센(Huissen)과 말부르크(Malburg), 리머스(Lymers) 집거지는 네덜란드 왕국의 일부를 구성하며 따라서 프로이센 국왕과 그 상속인 및 승계인은 이 지역을 포기한다.

제67조 다음 조항에서 정한 한계선 내에 포함되는 구 룩셈부르크 공국 지역은 현재 네덜란드 국왕인 연합 주의 주권 군주에게 할양되어 그와 그의 승계인들이 전적인 재산과 주권으로 영구적으로 소유하도록 한다. 네덜란드의 군주는 그의 칭호에 룩셈부르크 대공이라는 칭호를 추가하며 그의 군주제의 이익과 부계의 의도에 부합한 것으로 간주되는 바에 따라 대공 군주의 아들과 승계 친척 간의 가족 관계를 만들 수 있는 특권을 유보한다.

나사우 딜렌부르크(Nassau Dillenburg), 지겐(Siegen), 하다마르(Hadamar)와 디에츠(Dietz)의 공국에 대한 보상으로 룩셈부르크 대공은 독일 연방의 국가들 중의 일원이 되며; 따라서 네덜란드 군주 국왕은 룩셈부르크 대공으로서 이 연방의 체계에 가입하여 다른 독일 군주들이 향유하는 모든 특권을 누린다.

룩셈부르크 소도시는 군사적 측면으로 연방의 요새로 간주되어야 하나, 대공은 이 요새의 관리자 및 군사 사령관을 선임할 수 있는 권리가 있다. 단, 연방의 집행국의 승인을 받아야 하며 풀다 공국 포기에 부합하고, 미래의 연방의 헌법을 수립하는데 필요하다고 판단되는 다른 조건의 적용을 받는다.

제68조 룩셈부르크 대공국은 제66조에 정한 바와 같이 네덜란드 왕국과 프랑스, 모젤 강(Moselle) 등 사이에 위치한 주레(Sure) 강 하구, 주레(Sure) 강을 따라 오우르(Our) 강 합류 지점, 오우르(Our) 강을 따라, 룩셈부르크 대공국에 속하지 않아야 하는, 구 프랑스의 성 비스(St. Vith) 주의 한계선까지의 모든 영토로 구성된다.

제69조 네덜란드 국왕이자 룩셈부르크 대공과 그의 승계인은 전적인 통치권으로 다음 지역을 영구적으로 소유한다; 파리 조약에 의해 프랑스에 할양되지 않은 룩셈부르크 대공국에 포함되어야 하는 보울리온(Bouillon) 공국의 일부.

본인이 네덜란드 국왕과 룩셈부르크 대공의 지배하에서 직전 공작이 누렸던 것과 같이 보울리온(Bouillon) 공국을 전적인 재산으로 소유해야 한다는 것을 법적으로 입증해야 하는 경쟁자는 보울리온(Bouillon) 공국 관련 발생된 분쟁을 제기하였다.

이에 대한 결정은 중재를 통해 내려야 하며 항소는 할 수 없다. 이러한 목적을 위해 두 명의 경쟁자들은 각자 1인의 중재인을 선임하고 세번째부터 다른 중재인은 오스트리아와 프로이센, 사르디니아(Sardinia)의 법원이 선임한다. 중재인들은 전쟁 상황이나 다른 상황이 허락하는 한 신속하게 엑스라 샤펠(Aix-la-Chapelle)에 모여야 하며 최초의 회의일로부터 6개월 이내에 결정을 내려 통고해야 한다.

그 중간에 네덜란드 국왕이자 룩셈부르크 대공은 보울리온(Bouillon) 공국의 해당 지역에 대해 신탁 재산으로 보유하여 중재인들이 유리하게 결정한 승소한 당사자에게 임시 행정 수입과 함께 해당 지역을 반환하고; 국왕은 주권으로부터 발생되는 세입 손실에 대해 일부 형평법 적인 조치를 취해 그를(승소 당사자) 면책한다. 이러한 구제가 칼레 로한(Cahrles of Rohan) 군주에게 부여되는 경우, 그가 점유하고 있는 이 재산은 그에 대한 그의 소유권에 해당하는 대용 법(laws of the substitution)의 적용을 받아야 한다.

제70조 네덜란드 국왕과 그의 상속인과 승계인은 프로이센 국왕을 위해 독일에서 나사우-오렌지(Nassau-Orange)왕가가 보유하고 있는 주권, 즉, 딜렌부르크(Dillenburg), 디에츠(Dietz), 지겐(Siegen) 및 일루다마르(Iludamar) 공국과 바일슈테이우(Beilsteiu) 영지 등을 포기하여 이러한 소유권이 1814년 7월 14일자의 헤이그에서 체결된 조약에 따라 나사우(Nassau) 왕가의 두 개의 지점 간에 확정적으로 정한 바와 같게 하며 이 조항들은 현재의 문서에 문자 그대로 삽입된 것과 같이 동일한 효력을 가진다.

제74조 1813년 12월 29일자의 협약에 서명함으로써 정치적 기관에 존재하는 것처럼 19개의 주들의 통합은 헬베틱(Helvetic) 체계의 근거로 인식된다.

제75조 제네바 영토인 발라이스(Vallais)와 노이페하텔(Neufehatel) 공국은 스위스에 통합되어 새로운 3개의 주를 구성해야 한다. 다페스(Dappes) 계곡은 바우드(Vaud) 주의 일부를 구성하게 되어 해당 주에 반환된다.

제76조 바스테(Baste) 교구와 빈의 도시와 영토는 헬베틱(Helvetic) 연방에 통합되어야 하며 베른(Berne) 주의 일부가 되어야 한다. 단, 다음의 구역들은 이러한 조치로부터 제외된다:

1. 정삼각형 지역으로 알트슈바일러(Altschweiler), 숀부치(Schonbuch), 오허바일러(Ogerweiler), 테르바릴러(Terweiler), 데팅겐(Ettingen), 푸르슈타인테인(Fursteintein), 플로텐(Plotten), 프핑겐(Pfffingen), 아데쉬(Aesch), 브루크(Bruck), 리에나흐(Reeinach), 알레쉬임(Arlesheim) 등으로 이루어진 공동체가 포함되며, 이 구역은 바젤(Basle) 주에 통합되어야 한다.

2. 노이프샤텔 드 리그니에레스(Neufchatel de Lignieres) 마을 근처에 소재한 작은 소수민족 거주지로 민사 관할권 관련 현재는 노이프샤텔(Neufchatel) 주에 의존하며 형사 관할권의 경우 바젤(Basle) 교구에 의존하는 지역으로 그 전적인 주권은 노이프샤텔(Neufchatel) 공국에 포함되어야 한다.

제77조 베른(Berne)과 바젤(Basle) 주에 통합되는 바젤(Basle)과 비치네(Bicnne) 교구

의 거주민들은 모든 특면에서 (현재의 상태에서 유지되어야 하는) 종교의 차이를 불문하고 이러한 주들의 옛 지역의 거주인들이 누리고 있거나 누릴 수 있는 것과 동일한 정치적 및 민사적 권리를 누려야 한다.: 따라서 이들은 이러한 주들의 헌법에 따라 대의원이나 모든 기타 임명직 후보자가 되기 위한 동일한 자격을 가진다. 베른(Berne) 주의 헌법과 일반 규정에 부합하는 이러한 지자체의 특권은 빈 소도시 및 그 관할 지역을 구성하는 마을에도 유보된다.

국가의 영토 매도는 인정되었으며 따라서 봉건적 권리와 소유권은 회복 될 수 없다.

연방의 각 법률은, 각 관련 총괄 당사자들로부터 동일한 수의 (국회)의원으로 구성된, 위원회가 상기에서 선언한 원칙들에 부합하도록 제정되어야 한다. 바젤(Basle) 교구의 의원들은 주가 국가의 가장 저명한 시민들 중에 선택해야 한다. 이러한 법률은 스위스 연방에 의해 보장되어야 하며 당사자들이 합의하지 못하는 모든 사안은 의회가 정하는 중재 법원이 결정해야 한다.

제78조 1809년 10월 14일의 빈 조약의 제3조에 의한 그리슨(Grisons) 국가 내에 포함된 리진스(Riziins) 영지의 할양은 만료되었으며; 따라서 오스트리아 황제는 해당 재산에 대한 모든 권리를 회복하여 그리슨(Grisons) 주를 위한 1815년 3월 20일자의 선언에 의해 그가 결정한 처분을 확인한다.

제79조 바우드(Vaud) 주와 스위스의 나머지 지역과 진행한 제네바 소도시의 상업적, 군사적인 소통을 담보하고 1814년 5월 30일자의 파리조약의 제4조를 이행하기 위해 기독교 국왕은 세관 라인(the line of custom-houses)을 설치하는데 동의하고, 베르소이(Versoy)를 경유하는 제네바에서 스위스로 이르는 도로는 항상 자유로이 개방하여 우편이나 여행객들이나 상품 운송 등이 세관 공무원의 검사에 의해 방해를 받지 않도록 하였으며 어떠한 관세도 부과해서는 안 된다. 이와 마찬가지로 이 도로를 스위스의 군대가 통과하는 것도 여하한 방식으로든 방해를 받아서는 안 된다는 것에 합의한다.

이 사안에 대해 제정된 추가 규정에서 제네바 소도시와 페네이(Peney) 관할 지역 간의 자유로운 소통에 대한 조약의 시행은 제네바 거주민들에게 가장 편리한 방식으로 보장되어야 한다. 기독교 국왕은 또한 제네바의 헌병대와 군대가 프랑스 헌병대의 최근거리의 병력 주둔지와 해당 사안에 대해 소통 한 수에 베린(Meyrin) 도로의 상부에서 해당 관할 지역과 제네바 소도시까지 왕복 통과해야 한다는 점에 동의한다.

제80조 사르디니아(Sardinia) 국왕은 아르베(Arve) 강과 로네(Rohne)와 프랑스에 할양되었던 사보이(Savoy) 지역의 한계선 및 살리브(Salive) 산 사이에 위치한 사보이(Savoy) 지역을 베이리(Veiry)가 포함되는 길이의 면적을 할양한다. 이 지역에는 심플론(Simplon) 이라 불리는 주요도로와 제네바 호수 및 베네자스(Venezas)에서 에르망스(Hermance) 강이 해당 도로를 가로지르는 지점까지 제네바 주의 현재 영토 등 사이에 있는 지역과 함께 그곳으로부터 제네바 호수로 흘러드는 강줄기를 따라 에르망스(Hermance) 마을 동쪽까지 (사르디니아(Sardinia) 국왕이 계속 소유해야 하는 심플론(Simplon) 도로 전역) 가서 이 국가들이 제네바 주에 재 통합될 수 있도록 한다. 단, 위원회 위원들 각자가 특히 베이리(Veiry) 상단의 경계선 관련 지역 및 살레브(Saleve) 산에 대해 더 정확히 한계선을 결정하도록 유보하며 따라서 해당 국왕과 그의 승계인들은 이 경계선 내에 포함되는 장소와 영토에 대해 예외나 유보 없이 영구적으로 그가 소유할 수 있는 모든 주권이나 기타 권리를 포기한다. 사르디니아(Sardinia) 국왕은 또한 프랑스에 의해 합의된 것과 동일한 방식으로 제네바 주와 발라이스(Vallais) 주 간의 소통이 베르소이(Versoy)를 통해 제네바와 바우드(Vaud) 주 간에도 이루어 져야 한다는 점에 합의한다. 또한 제네바 군대에는 제네바 영토와 주씨(Jussy) 관할 지역 간에는 언제나 자유로이 이동할 수 있는 권리가 부여되어야 하며 이러한 편의는 호수에서 심플론(Simplon) 도로까지 통과하는 데 필요한 경우 허용되어야 한다.

다른 한편으로, 사르디니아(Sardinia) 국왕의 국가들과 로부터 유입되는 모든 상품 및 물품에게는 모든 통행세가 면제 되어야 하며, 제노바(Genoa)의 자유 항구는 발라이스(Vallais)와 제네바 국가를 통해 심플론(Simplon) 도로를 횡단해야 한다. 단, 이러한 면제는 통행에 국한되며 따라서 도로 유지보수를 위한 통행료나 내지에서 판매나 소비 목적인 상품이나 물품에 부과되는 관세에는 적용하지 않는다. 동일한 유보는 발라이스(Vallais)와 제네바 주 사이의 스위스에 부여되는 이동에 적용되어야 하며 따라서 다른 정부들은 상호 합의에 의해 각자 세금 부과나 그들의 영토 내의 밀무역을 예방하기 위해 필요하다고 판단하는 조치를 취해야 한다.

제81조 상호 호혜적인 배상과 관련해, 아르고비아(Argovia)와 바우드(Vaud), 테신(Tessin)과 세인트 갈(St. Gall) 등의 주들은 옛 주들인 슈비츠(Schwitz)와 운터발트(Unterwald), 유리(Uri), 클라리스(Claris), 주크(Zug) 및 아펜젤(Appenzell) (로데 인테리어 Rhode Interior)에게 이들 주들에서 공공 안내와 일반 행정 경비 등, (원칙적으로는 공공 안내 목적)에 사용되어야 하는 금액을 제공해야 한다.

이러한 금전적 배상금의 할당, 지불 방식 및 구분은 다음과 같이 결정된다:

아르고비아(Argovia)와 바우드(Vaud), 세인트 갈(St. Gall) 주는 슈비츠(Schwitz)와 운터발트(Unterwald), 유리(Uri), 클라리스(Claris), 주크(Zug) 및 아펜젤(Appenzell) 주에 500,000 스위스 리브르(Swiss livres)를 제공해야 한다.

전자의 각 주들은 연 5퍼센트의 요율로 할당 요금을 지불하거나, 현금이나 재산기금으로 원금을 지불할 수 있는 선택권이 있다.

이 기금을 지불하거나 수령하는 부서는 연방 경비 제공을 위해 설치된 기여금 표에 따라야 한다.

테신(Tessin) 주는 매년 유리(Uri) 주에 레반틴(Levantine) 계곡에서 아주 적은 금액의 통행세를 지불해야 한다.

제82조 영국에 있는 자금과 관련한 쥐리히와 베른 주 간의 논의를 끝내기 위해, 다음과 같이 결정되었다:

1. 쥐리히와 베른 주는 헬베틱(Helvetic) 정부의 해산 기간에 1803년에 존재하는 자금의 재산을 보전하며 1815년 1월 1일부터 그에 대한 이자를 수령해야 한다.

2. 1798년 이후 1814년까지 지불 기한이 도래한 누적 이자는 헬베틱(Helvetic) 채무의 액면가에 따라 알려진 국가 채무의 잔액의 지불에 적용되

어야 한다.

3. 헬베틱(Helvetic) 채무 중 잔금은 다른 주들에게 부과되어야 하며 베른과 쥐리히 주는 상기의 계획에 의해 면제된다. 각 주의 채무 분담금은 연방 경비 상환을 위한 목적의 분담금에 비례하여 계산하여 지불되어야 한다. 1813년 이후로 스위스에 포함된 국가들은 과거의 헬베틱(Helvetic) 채무를 부담해서는 안 된다.

만약 위와 같은 채무를 변제한 후에 잉여금이 남는 경우, 잉여금은 베른과 쥐리히 주에 각 주의 자본에 비례하여 분할 지급해 주어야 한다.

이와 동일한 규정이 의회 의장이 관리하고 있는 서류의 다른 채무에 대해서도 적용해야 한다.

제83조 보상 없이 폐지된 라우즈(lauds)에 대한 분쟁을 조정하기 위해 보상은 해당 라우즈(lauds)의 소유자인 사람들에게 제공되어야 하며, 베른(Berne)과 바우드(Vaud) 주 간의 해당 사안에 대한 모든 추가 이견을 피하기 위한 목적으로, 바우드(Vaud) 주는 베른(Berne) 주 정부에게 300,000 스위스 리브르를 지불해야 하며 동 금액은 베른(Berne) 주의 라우즈(lauds) 소유자인 청구인들에게 나누어 주어야 한다. 이 금액의 지불은 1816년 1월 1일부터 시작하여 매년 5회에 분할해서 지불해야 한다.

제84조 파리 조약에 서명한 동맹 열강들이 스위스 연방 의회에 발표하고 5월 27일자의 법률에 의해 의회가 채택한 3월 20일의 선언은 그 논지의 전부를 확인한 것이며; 이 선언 내에 수립한 원칙은 합의한 계획으로서 변함없이 유지되어야 한다.

제85조 사르디니아(Sardinia) 국왕의 주들의 국경선은 다음과 같다:

프랑스 쪽은 1792년 1월 1일자에 있었던 것과 같다. 단, 1814년 5월 30일자의 파리 조약에 의해 변경된 부분은 제외.

헬베틱(Helvetic) 연방 쪽은 1792년 1월 1일자에 있었던 것과 같다. 단, 이 법률의 제80조에 정한 제네바 주에게 유리하게 할양에 의해 발생된 변경 부분은 제외.

오스트리아 제국의 국가들 쪽은 1792년 1월 1일자에 있었던 것과 같으며; 1751년 10월 4일자로 마리아 테레즈 황후와 사르디니아(Sardinia) 국왕 간에 체결된 협약 은 그 모든 규정에 대해 상호 확인되어야 한다.

파르마(Parma)와 플라센티아(Placentia)의 국가들 쪽의 국경선은 사르디니아(Sardinia) 국왕의 옛 국가들의 경우는 1792년 1월 1일자에 있었던 것과 동일한 상태로 지속되어야 한다.

다음의 조항에 따라 사르디니아(Sardinia) 국왕의 국가에 통합되는 제노바(Genoa)의 구 국가들과 피프스(Fiefs) 제국이라 칭하는 국가들의 국경은 1792년 1월 1일자에 있었던 것과 같으며 파르마(Parma)와 플라센티아(Placentia)의 국가들 및 투스카니(Tuscany)와 마사(Massa)의 국가들과 분리되어야 한다.

고대 제노바(Genoa) 공화국에 속했던 카프라자(Capraja) 섬은 제노바(Genoa)의 국가들의 할양에서 사르디니아(Sardinia) 국왕에게 포함된다.

제86조 구 제노바(Genoa) 공화국에 해당하는 국가들은 사르디니아(Sardinia) 국왕의 국가들에 영구적으로 통합되며; 전적인 주권과 상속 재산으로 그에게 소유 되어야 하며; 그의 집안의 왕족 계보와 사보이 카리그난(Savoy Carignan) 계보인 두 계보로 남계로 물려주어야 한다.

제87조 사르디니아(Sardinia) 국왕은 그의 현재의 칭호에 제노바(Genoa) 공작이라는 칭호를 추가해야 한다.

제88조 제노바 국민들은 "제노바 국가들의 사르디니아(Sardinia) 국왕의 국가에 대한 통합의 근거로 역할을 해야 하는 조건"에 관한 법률에 정한 모든 권리와 특권을 향유해야 하며 이 일반 조약에 첨부된 바와 같은 동법은 동 조약의 일부로 간주되어야 하며 본 조항에 본문에 삽입된 것과 같이 동일한 효력을 가진다.

제89조 기존에 고대 린구리안(Lingurian) 공화국에 통합되었던 피프스(Fiefs) 제국으로 칭하는 국가들은 최종적으로 제노바 국가들과 동일한 방식으로 사르디니아(Sardinia) 국왕의 국가들에 통합되며; 이 국가의 거주민들은 직전 조항에 정한 바와 같이 제노바(Genoa) 국가의 거주민들과 동일한 권리와 특권을 향유해야 한다.

제90조 1814년 5월 30일자의 파리 조약에 서명한 열강들이 동 조약의 제 3조에 의해 보유한, 자신의 안전을 위해 적절한 것이라 판단되는 자신의 주들의

특정 부분을 요새화할 수 있는 권리는 사르디니아(Sardinia) 국왕도 제한 없이 동일하게 보유한다.

제91조 사르디니아(Sardinia) 국왕은 "사르디니아(Sardinia) 국왕의 제노바 주에 대한 할양"에 대한 법률에 정한 조건에 따라 상기에 언급된 제80조에 정한 사보이(Savoy) 구역을 제노바(Genova) 주에 할양한다.

제92조 사르디니아(Sardinia) 국왕이 소유한 샤블레(Chablais)와 포시니(Faucigny) 지방 및 사보이(Savoy) 영토에서 유진(Ugine) 북쪽까지의 구역 전부는 열강국이 인정하고 보증한 바와 같이, 스위스의 중립국의 일부를 구성해야 한다. 따라서, 스위스의 주변 열강들은 노골적인 적의의 교착상태에 있을 때마다, 이 지역에 있는 사르디니아(Sardinia) 국왕의 군대는 퇴각해야 하며 필요한 경우 퇴각의 목적으로 발라이스(Vallais)를 통과할 수 있다. 하지만 다른 열강의 무장된 군대는 이 영토 및 지방을 통과하거나 잔류할 수 없다. 단, 스위스 연방이 그 지역에 주둔하는 것이 적절하다고 생각하는 군대는 제외하며; 이러한 상태는 이러한 국가들의 행정에 지장을 주어서는 안 되며 사르디니아(Sardinia) 국왕의 민사 대리인은 마찬가지로 질서를 유지하기 위해 지방의 경비대를 고용할 수 있다.

제93조 1814년 5월 30일자의 파리 조약에 따라 합의된 포기에 따라 동 조약에 서명한 열강들은, 1797년 캄포-포르미오(Campo-Formio) 조약, 1801년의 루네빌레(Luneville) 조약, 1805년의 프레부르크(Preburg) 조약 등, 1807년 추가적인 폰타인블루(Fontainbleau) 협약과 1809년의 빈 조약 등에 의해 오스트리아 황제와 그 상속인 및 승계인들을, 지난 전쟁의 결과로 오스트리아 황제가 취득한, 그 전부 또는 일부를 할양 받은 지방과 영토 이스트리아(Istria), 오스티안(Austian), 베네치아(Venetian), 달마시아(Dalmatia), 아드리아틱(Adriatic)의 고대 베네치아(Venetian) 섬, 카타로(Cattaro) 강하구, 베니스 시, 그 수로 및, 아디게(Adige) 강의 좌측 강기슭에 있는 테라피르마(Terra Firma)의 구 베네치아 국가의 모든 다른 지방 및 구역, 밀라노와 만투아(Mantua) 공작영지, 브릭센(Brixen)과 트렌즈(Trente)의 공국, 티롤(Tyrol) 카운티, 보랄베르크(Voralberg), 오스트리아 프리오울(Frioul), 고대 베네치아 프리오울(Venetian Frioul), 본테팔콘(Montefalcone) 영토, 트리스테(Trieste),

카르니올라(Carniola), 상부 카린티아(Upper Carinthia) 정부와 소도시, 사베(Save)의 우측의 크로아티아, 피우메(Fiume) 및 헝가리 리토랄(Littorale) 및 카스투아(Castua)의 구역 등의 정당한 주권자로 인정한다.

제94조 오스트리아 황제는 그의 군주국에 그와 그의 승계인의 소유지로 다음의 지역을 전적인 재산과 주권으로 소유한다:

1. 직전 조항에 정한 베니스 국가 내의 테라-피르마(Terra-Firma) 지역을 제외하고 이러한 국가의 다른 부분 및 테신(Tessin) 강과 포(Po) 강과 아드리아해 사이에 위치한 모든 다른 영토,
2. 발틱라인(Valticline)과 보르미오(Bormio) 및 치아베나(Chiavenna) 계곡,
3. 기존에 라구사(Ragusa) 공화국을 구성한 영토.

제95조 직전 조항에서 합의한 규정의 결과, 이탈리아 내의 제국 및 왕족 교구 국왕의 국가들의 국경선은 다음과 같다:

1. 사르디니아(Sardinia) 국왕의 국가들 쪽으로는 1792년 1월 1일자에 있었던 국경선과 같으며,
2. 파르마(Parma) 국가들 쪽으로는 플라센티아(Placentia), 및 구아스탈라(Guastalla), 포(Po) 강의 방향으로는, 중앙선을 따른 경계선,
3. 모데나(Modena) 주들 쪽으로는 1792년 1월 1일자에 있었던 국경선과 같으며,
4. 파팔(Papal) 국가들 쪽으로는 포(Po) 강의 방향으로 고조(Gozo) 강의 하구까지,
5. 스위스 쪽으로는 롬바르디(Lombardy)의 고대 국경선 및 그리슨(Grisons) 및 테시노(Tessino) 주들로부터 발테라인(Valteline)과 보르미오(Bormio) 및 키아벤나(Chiavenna) 계곡을 분리하는 국경선

포(Po) 강의 중앙선이 국경선을 형성하는 장소에서는 향후의 강의 흐름의 변경은 그곳에 포함된 섬들의 재산에는 영향을 주지 않는다.

제96조 빈의 의회에서 채택한 강의 항해(흐름)에 대한 일반 원칙은 포강의 흐름에 적용된다.

강들에 접한 국가들은 의회가 종료된 날로부터 최대 3개월 이내에 위원회의 위원을 선임하여 본 조의 시행과 관련된 모든 사안을 규정하도록

해야 한다.

제97조 밀라노의 몬트-나폴레온(Mont-Napoleon) 이라는 이름으로 알려진 건물을 유지하는 데 불가결한 채권자들에 대한 의무; 고대 이탈리아 왕국의 일부를 구성하는 국가들 내의 이러한 건물의 토지 및 부동산으로 이 서로 다른 국가들에서 내보내는 이 건물에 속한 자본은 물론 이탈리아의 다른 군주 정부에 의해 양도된 토지 및 부동산은 동일한 대상(채권자들)에게 충당되어야 한다.

수수료 미납으로 인해 발생되거나 이 건물의 지출 증가 등과 같은 몬트-나폴레온(Mont-Napoleon)이라는 이름으로 알려진 건물의 일시 불확정 채권은 이탈리아의 말기 왕국을 구성한 영토들 간에 분담하여 부담하도록 해야 하며, 이러한 분담은 그 인구와 세입을 기준으로 정해야 한다. 이 국가들의 주권자들은 의회 종료일로부터 3개월 이내에 위원회 위원들을 선임하여 이 목적과 관련된 사안에 대해서는 오스트리아 위원회를 구성하도록 해야 한다.

이 위원회는 밀라노에서 모여야 한다.

제98조 프란시스 데스테(Francis d'Este) 대공과 그 상속인 및 승계인은 전적인 주권으로 캄포 포르미오(Campo Formio)조약의 서명인으로 남아 있는 한 모데나(Modena)와 케지오(Keggio), 미란돌라(Mirandola) 공국들을 전적인 주권으로 소유해야 한다.

마리아 베아트리스 데스테(Maria Beatrice d'Este)의 대공비와 그 상속인 및 승계인은 전적인 주권과 재산으로 라 루니지아나(La Lunigiana) 내의 피프스(Fiefs) 제국뿐만 아니라 마사(Massa)공작 영지 및 카라라(Carrara) 공국을 소유해야 하며, 이는 투스카니(Tuscany)의 황제 대공과 공동 동의 및 상호 편의에 '따라 정한 교환이나 기타 계획의 목적에 적용될 수 있다.

몬데타(Mondena)와 레지오(Reggio), 미란돌라(Mirandola) 공작 영지와 마사(Massa)와 카라라(Carrara) 공국과 관련된 오스트리아의 대공의 계보 내에 정해진 승계 및 유보권 등은 보전된다.

제99조 마리아 루이자(Maria Louisa) 황후는 전적인 재산 및 주권으로 파르메(Parme)와 플라센티아(Placentia), 구아스탈라(Guastalla) 공작 영지를 소유한

다. 단, 포(Po) 강의 좌측 강기슭에 있는 황제 왕족 오스트리아 황제의 국가들 내에 있는 구역들은 제외

이러한 국가들의 반환은 오스트리아, 러시아, 프랑스, 스페인, 영국 및 프로이센 법원과 공동 동의 하여 규정해야 하며: 오스트리아 왕가와 이 국가들에 대한 사르디니아(Sardinia) 국왕의 권리를 적절히 고려 한다.

제100조 오스트리아의 페르디낭 대공과 상속인 및 승계인은 루네빌레(Luneville) 조약에 따라 기존에 그가 소유한 투스카니(Tuscany) 대공국 및 그의 속국에 대해 모든 주권과 재산권으로 소유한다.

다른 열강들이 가입한, 샤를르 6세 황제와 프랑스 국왕 사이에 체결한 1735년 10월 3일의 빈 조약의 제2조의 규정은 해당 규정으로부터 결과한 보증뿐만 아니라 황제와 그의 후손에게 유리하게 전적으로 갱신되었다.

이와 같이 페르디난드(Ferdinand)대공과 그의 상속인과 후손이 전적인 재산과 주권으로 소유해야 하는 다음의 재산은 대공국에 통합되어야 한다:

1. 프르시디(Prcsidii) 국
2. 1801년 이전에 두 개의 시칠리 의 국왕의 종주권의 지배하에 있었던 엘바섬과 그 부속도서
3. 피옴비노(Piombino) 공국과 그 속국의 종주권 및 주권

루도비시 부온콤바니(Ludovisi Buoncompagni) 군주와 그의 정당한 승계인들은, 1799년 프랑스 군대에 의한 이 국가들에 대한 점유 이전에, 피옴비노(Piombino) 공국 및 엘바 섬 및 그 부속도서 내에 그의 가족이 소유한 모든 재산을 광산, 주조공장, 소금 광산, 등과 함께 보유한다. 이와 같이 루도비시(Ludovisi) 군주는 조업권을 보전하고 광산, 주조공장, 소금 광산 및 소유지 등의 생산물의 수출 및 광산 운영에 필요한 목재 및 기타 물품의 수입을 관련 관세 전액을 면제를 받으며: 또한 투스카니(Tuscany) 대공으로부터 1801년 이전에 왕족 관련 세금으로부터 발생한 모든 수입을 배상 받아야 한다. 이러한 배상의 가치에 대한 이견이 있는 경우, 관련 당사자들은 빈과 사르디니아(Sardinia) 법원에

회부해야 한다.

4. 투스칸(Tuscan) 국가들 내에 위치한 베르니오(Vernio), 몬탄토(Montanto)와 몬테 산타 마리아(Monte Santa Maria) 등의 제국 말기 영지

제101조 루카(Lucca) 공국은 인펀트 마리아 루이자(Infant Maria Luisa) 국왕과 그 후손이 직속 남계로 물려 받으며 전적인 주권으로 소유해야 하며 이 공국은 공작 영지로 건설되었으며 1805년에 받은 원칙에 따라 수립된 정부를 구성한다.

인펀트 마리아 루이자(Infant Maria Luisa) 국왕과 그 후손을 위해 다른 재원의 조달이 인정되지 않는 한, 오스트리아 황제와 투스카니(Tuscany) 대공이 정기적으로 납부하는 500,000 프랑의 연금이 루카(Lucca) 공국의 세입에 추가되어야 한다.

이 연금은 바바로 팔란틴(Bavaro Palantine) 이라는 이름으로 알려진 보헤미아(Bohemia) 내의 영지를 담보로 해야 하며; 루카(Lucca) 공작 영지가 투스카니(Tuscany) 대공에게 반환된 경우, 이 담보가 해제되어 다시 헝가리 국왕의 사적 사유지의 일부가 된다.

제102조 루카(Lucca) 공작 영지가 투스카니(Tuscany) 대공에게 반환되어야 하는 경우는 다음과 같다; 인펀트 마리아 루이자(Infant Maria Luisa) 왕후나 그의 아들인 돈 카를로스(Don Carlos)와 이들의 직계 남자 후손 등이 사망하여 공실이 되는 경우; 또는 인펀트 마리아 루이자(Infant Maria Luisa) 왕후나 그녀의 직계 상속인이 다른 재원을 취득한 경우 또는 그들 왕조의 다른 계보를 승계한 경우.

하지만 이러한 반환이 투스카니(Tuscany) 대공에게 반환되는 경우, 대공은 루카(Lucca) 공국을 소유하게 된 때로부터 신속하게 다음의 영토를 모데나(Modena) 공작에게 할양한다:

1. 투스카나의 티비자노(Tivizano)와 피에트라 산타(Pietra Santa) 바르가(Barga) 구역

2. 메사(Messa) 카운티에 연결된 미투시아노(Minucciano)와 몬테-이크노스(Monte-Icnose) 국가뿐만 아니라 모데나(Modena) 국가들 내에 소재한 루카(Lucca)의 카스틸리온(Castilglione)과 글리카노(Gllicano) 구역

제103조 카메리노(Camerino)와 마르체스(Marches)와 그 속지, 베네벤토(Benevento) 공작 영지 및 푸테-코르보(Poote-Corvo) 공국 등은 교황청에 반환된다

교황청은 포(Po) 강의 좌측 강기슭에 있는 페라라(Ferrara) 부분을 제외하고 라베나(Ravenna)와 볼로냐(Bologna), 페라라(Ferrara) 등의 공사관을 소유를 재개해야 한다.

오스트리아 황제 및 그 승계인들은 페라라(Ferrara)와 코만치오(Commanchio)에 수비대를 배치할 수 있는 권리를 가진다.

의회 규정의 결과로 교황청 정부에 반환된 국가의 거주민들은 1814년 5월 30일 자의 파리 조약의 제16조에 정한 혜택을 향유해야 하며 기존 법에 따라 법적으로 인정된 소유권에 따라 개인들이 취득한 모든 인수물은 적절한 것으로 간주되며, 공적 채무를 보증하는데 필요한 계획과 연금 지불 등은 로마와 베니스의 법원 간의 특별 협약에 의해 해결해야 한다.

제104조 페르난드 4세 국왕과 그의 상속인 및 승계인은 나폴리 왕좌에 복위되며 두개의 시칠리아 국왕으로서 열강에 의해 인정된다.

제105조 열강들은 다음과 같은 1801년 바다조스(Badajos) 조약에 의해 스페인에게 할양한 올리벤루(Olivenru) 소도시 및 다른 영토에 대한 포르투갈과 브라질의 군주의 청구를 정당하다고 인정하며,

제3조 (발췌문)

이러한 구제가 유럽의 모든 지역의 목적인 반도의 두 왕국 간의 온전하고 지속적인 화합을 담보하는 데 필요한 조치로 판단하여, 열강들은 공식적으로 최선의 노력을 하여 우호적인 방식으로 포르투갈에 유리하게 해당 영토에 대한 반환을 도모한다. 그리고 열강들은 이러한 계획은 가능한 한 신속하게 이루어져야 한다고 선언한다.

제106조 1814년 5월 30일자로 포르투갈과 프랑스 간에 서명한 포르투갈과 브라질 왕국 군주에 대한 조약에 비준을 반대하는 이견을 해소하기 위해, 이 조약의 10조에 포함된 규정과 그와 관련된 조항은 효력이 없다고 결정하였으며 모든 열강들의 동의를 받아 다음의 조항에 포함된 조항은 대체되어야 하며 대체된 조항 만이 유효하다고 간주되어야 한다고 결정하였다.

단, 상기의 파리 조약의 모든 다른 조항은 유지되어야 하며 두 법원에 상호 구속력을 가진다고 간주하였다

제107조 가장 기독교적인 국왕임을 입증하고자 하는 포르투갈과 브라질 군주는 프랑스 기아나(Guiana) 지방을 그 강 하구는 북위 4도 및 5도 사이에 위치하고 포르투갈에 의해 항상 울트레히트(Ultrecht) 조약에 의해 선택된 한계선으로 간주된 오야포크(Oyapock) 강의 길이만큼 반환한다.

이 식민지를 포기한 기간은 상황이 허락하는 한 두 개의 법원 간의 특정 협약에 의해 결정해야 하며, 두 법원은 울트레히트(Ultrecht) 조약의 제8조의 정확한 의무에 부합하도록 포르투갈과 프랑스 기아나(Guiana)의 한계선의 명확한 구분선에 대해 가능한 한 빠른 시일 내에 우호적인 약정을 체결해야 한다.

제108조 동일한 항해 가능한 강에 의해 구분되거나 횡단되는 국가가 있는 열강들은 공동 동의에 의해 항해에 대한 모든 사안을 규정해야 한다. 이러한 목적을 위해 이들은 위원회 위원들을 선임하여 의회의 종료일 이후 늦어도 6개월 이내에 모여서 다음 조항들에 의해 수립된 그 절차의 근거 및 원칙 등을 채택하도록 해야 한다.

제109조 그 전체 흐름을 따른 강들의 항로는 기존 조항에 언급되어 있으며, 항해할 수 있는 지점에서 그 하구까지는 전적으로 자유롭게 개방되어 상업과 관련해 어느 누구에도 출입이 금지되어서는 안 되며; 이러한 항해의 치안 유지에 관해서 수립된 규정은 존중되어야 하며; 모든 국가의 상업에 대해 가능한 한 우호적으로 평등하게 만들어야 한다.

제110조 관세 징수 및 치안유지를 위해 수립되어야 하는 체계는 강의 전 구간에서 가능한 한 동일하도록 만들어야 하며, 특정 상황으로 금지되지 않는 한 그 항로 내에 다른 주들을 분리하거나 가로지르는 그 지류와 합류지점에도 확대되어야 한다.

제111조 항해 관세는 사기나 침략 예방을 위한 것을 제외하고, 화물에 대한 검사가 불필요하도록 하기 위해 상품의 품질에 대한 검사를 거의 하지 않고 통일되고 안정된 방식으로 규제되어야 한다. 관세의 금액은 현재 납부하는 금액을 초과하지 않도록 하여 이 사안에 대한 일반 규칙을 허용하지

않는 현지 상황에 따라 결정해야 한다. 하지만, 관세는 항해를 용이하게 하여 상업을 장려할 수 있는 방식으로 규정하고; 이러한 목적을 위해 현재 효력이 있는 라인에 대해 정한 관세는 그 구조에 적합한 규칙으로 역할을 할 수 있다.

관세는 일단 결정되면, 인상을 해서는 안 된다. 단, 강을 맞대고 있는 국가들이 공동 합의한 경우는 제외되며, 규정에 정한 관세가 아닌 다른 관세로 인해 항해에 부담을 주어서는 안 된다.

제112조 세관의 수는 가능한 한 축소해야 하며 상기의 규정으로 결정해야 하며 그 후 변경해서는 안 된다. 단, 공동 동의가 있는 경우 또는 강을 맞대고 있는 국가가 전용 세관의 수를 축소하고자 하는 경우는 제외.

제113조 강을 맞대고 있는 각 국가는 그의 영토를 지나는 예인로를 수리하고 강 수로 내에서 필요한 공사를 진행하는 비용을 부담하여 항해 중 지장이 없도록 해야 한다.

의도된 규정은 강을 맞대고 있는 국가들이 반대편 강기슭이 다른 정부에 속한 장소에서 이러한 공사에 참여하도록 하는 방식을 결정해야 한다.

제114조 창고와 항구 또는 강제적 항구세 등은 없어야 한다. 기존에 이미 있었던 이러한 시설은 강을 맞대고 있는 국가들이 항해와 상업에 일반적으로 필요거나 유용하다고 판단하는 경우에만 (시설이 설치된 장소나 국가의 현지 이익은 무시해야 함) 보존되어야 한다.

제115조 강을 맞대고 있는 국가들의 소유인 세관은 항해 의무를 방해해서는 안 되며 그 기능 행사 중에 항해 길에 지장을 주는 것을 방지할 수 있도록 규정을 만들어야 한다. 단, 강기슭에 강력한 치안을 유지하여 거주인들이 물품을 뱃사공을 통해 물품을 밀수하는 시도를 방지해야 한다.

제116조 직전 조항에 정한 모든 사항은 일반적 계획으로 결정되어야 하며 이면 결정이 필요한 경우라도 일반적 계획을 수립해야 한다. 계획이 일단 수립되면 변경되어서는 안 된다. 단, 강을 맞대고 있는 모든 국가가 동의하는 경우는 제외하며, 동 계획을 시행하는 데 상황과 현지 상황에 대해 적절한 고려할 수 있도록 주의해야 한다.

제117조 이 법에 첨부된 라인 강과 네커(Necker) 강, 마인(Maine) 강, 모젤(Mosselle) 강, 뫼즈(Meuse) 강 및 쉘트(Scheldt) 강의 항해와 관련한 특정 규정들은 이 법의 본문에 포함된 것처럼 동일한 효력을 가진다.

제118조 이 법에 첨부된 조약과 협약, 선언, 규정 및 기타 특정 법은 다음과 같다:
1. 1815년 4월 21일자 (5월 3일자)의 러시아와 오스트리아 간의 조약
2. 1815년 4월 21일자 (5월 3일자)의 러시아와 프로이센 간의 조약
3. 1815년 4월 21일자 (5월 3일자)의 오스트리아, 프로이센 및 러시아 간의 Cracow 관련 추가 조약
4. 1815년 5월 18일자의 프로이센과 작센 간의 조약
5. 1815년 5월 18일자의 쉔부르크(Schoenburg)의 왕가의 권리에 대한 작센 국왕의 선언
6. 1815년 5월 29일자의 프로이센과 하노버 간의 조약
7. 1815년 6월 1일자의 프로이센과 작센-바이마르 대공 간의 협약
8. 1815년 5월 31일자의 프로이센과 나사우(Nassau) 공작/군주 간의 협약
9. 1815년 6월 8일자의 독일 연방 헌법에 관한 법률
10. 1815년 5월 31일자의 네덜란드와 프로이센, 영국, 오스트리아 및 러시아 국왕들 간의 조약
11. 1815년 3월 20일자의 헬베틱(Helvetic) 연방의 사안에 대한 열강들의 선언 및 1815년 5월 28일자의 제국의회(Diet) 가입에 대한 법
12. 제네바 주에 대한 사르디니아(Sardinia) 국왕의 할양에 대한 1815년 3월 29일자의 프로토콜 (초안, 보충협약)
13. 1815년 5월 21일자의 사르디니아(Sardinia)와 오스트리아, 영국, 러시아, 프로이센 및 프랑스 국왕 간의 조약
14. "사르디니아(Sardinia) 국왕과 제노바(Genoa) 국가 연합의 기초를 위한 조건"이라는 제목의 법
15. 1815년 2월 8일자의 노예무역 폐지에 대한 열강의 선언
16. 하천의 자유 항해에 대한 규정
17. 외교 대사의 우선권에 대한 규정- 의회의 계획의 일부로 간주되는 경

우 일반 조약 내에 문자 그대로 삽입된 것과 같은 동일한 효력과 유효성을 가짐

제119조 법률에서 확인되고, 이 조약 내에 규정된 계획에 동의한 군주들 및 자유도시뿐만 아니라 의회에 모인 모든 열강들은 해당 계획에 가입하도록 초대되었다.

제120조 이 조약의 모든 사본은 프랑스 언어로만 작성되었으며, 이 법률에 동의한 열강들은 이 언어를 사용한 것은 향후의 선례로 해석되어서는 안되며 따라서 모든 열강은 향후의 협상과 협약에 외교 관계에 사용했던 언어를 채택할 것과 결정할 수 있는 권리를 가지며 따라서 이 조약은 확립된 관행에 반하는 선례로 인용되어서는 안 된다.

제121조 이 조약은 6개월 내에 비준되어 비준을 교환하고 1년 이내에 가능하면 더 빨리 포르투갈 법원에 의해 비준을 받아야 한다.

이 조약의 사본은 유럽 법원이 이 문서의 원문을 참고하기 위해 적절하다고 판단하는 경우 빈에 있는 오스트리아 황제의 법원과 국가의 기록관에 보관되어야 한다.

전권대사가 이 법률에 서명하고 날인하였다.

1815년 6월 9일 빈
(아래의 서명은 알파벳 순서에 따른 것임)

오스트리아	(L.S.) 메테르니히 군주
	(L.S.) 베엔베르크 남작
스페인[125]	(L.S) 탈레이란트 군주
프랑스 [126]	(L.S.) 달베르크 공작
	(L.S.) 알렉시드 노알리레 남작
대영제국	(L.S.) 클란카티

	(L.S.) 카스카트
	(L.S.) 스튜어트, L.G.
포르투갈	(L.S.) 팔멜라 백작
	(L.S.) 안토니오 드 달단하 다 가니아
	(L.S.) D. 호아킴 레도다 시트시라
프로이센	(L.S.) 하덴베르크 군주
	(L.S.) 훔볼트 남작
러시아	(L.S.) 랍소모프스키 군주
	(L.S.) 스타켈베르크 백작
	(L.S.) 느셀로데 백작
스웨덴	(L.S.) 샤를-악세이 드 로아이엔하임 백작

조약의 제101조, 103조 및 104조에 대해서는 유보함

부록 2

윈스턴 처칠의 '철의 장막' 연설 전문 :
<평화의 원천 Sinews of Peace>[01]

1946년 3월5일 화요일

(다음은 미국 미주리 주 웨스트민스터 대학에서 학위를 받은 명예 법학 박사 윈스턴 처칠 영국 총리의 연설 텍스트이다)

오늘 오후 웨스트민스터 대학에 방문하여 학위를 수여받게 된 것을 큰 영광으로 생각합니다. '웨스트민스터'라는 이름은 나에게 매우 친숙합니다. 과거에 들어본 적이 있는데, 사실 저는 웨스트민스터에서 정치, 변증법, 수사학 등 몇 가지 교육을 받은 적이 있습니다.

신사 숙녀 여러분, 저는 미국 대통령이 개인 방문자를 아카데믹한 청중들에게 소개해 준 것에 대해 무한한 영광으로 생각합니다. 무거운 짐과 의무, 책임 가운데,

---

01 1946년 3월은 2차대전이 끝난 지 1년도 되지 않은 때로, 모두가 보저넘 평화를 누리고 있을 때였다. 하지만, 미국 및 영국과 동맹국이었던 소련은 전쟁 이후 동유럽 및 세계 각지에 사회주의의 영향력을 확대했다. 루즈벨트가 친소련적 태도를 취해 전후처리에 무능했다고 생각한 처칠은 '철의 장막' 연설을 통해 미국과 유럽이 소련의 '철의 장막'에 대항해야 한다고 역설한다. 미국의 진보언론의 질타가 있었으나, 1950년대 동구권이 소련의 위성국이 되고 베트남과 한국에서 공산화 시도가 있었던 것은 처칠의 예언이 적중했다는 지적이다. 이 텍스트의 원문은 The National Archives에 있다.

(루즈벨트) 대통령은 우리의 만남을 위엄 있고 영광스럽게 하기 위해 수천 마일을 날아오셨습니다. 그리고 이 나라뿐만 아니라 바다 건너 내 동포들과 어쩌면 다른 나라들에게도 연설할 수 있는 기회를 주었습니다. 대통령은 내가 이 불안하고 당혹스러운 시기에 가장 진실하고 충실한 조언을 할 수 있는 자유를 갖기를 바랄 것이라 믿습니다. 나는 확실히 이 자유를 이용할 것이고, 그렇게 할 권리가 있다고 생각합니다. 어린 시절에 간직했던 개인적인 야망이 내가 꿈 꾼 것 이상으로 만족스럽게 이루어졌기 때문입니다. 그러나 나는 어떤 공식적 임무나 지위도 없으며, 나 자신을 위해서만 이야기한다는 것을 분명히 해야 할 것 같습니다. 그러므로 나는 일생의 경험을 가지고 우리의 절대적인 승리의 다음날 우리를 둘러싼 문제들에 대해 말씀드릴 수 있습니다. 그토록 많은 희생과 고통을 거쳐 얻은 것이 인류의 미래의 영광과 안전을 위해 보존되도록 해야할 것입니다.

미국은 현재 세계 강국의 정점에 있습니다. 지금은 미국 민주주의의 엄숙한 순간입니다. 권력의 탁월함은 미래에 대한 경외심을 불러일으키는 책임과도 연결됩니다. 주변을 둘러보면서, 의무감과 더불어 목표 이하로 떨어져서는 안된다는 불안감도 함께 느껴야 합니다. 지금 우리 두 나라 모두에게는 기회가 빛나고 있습니다. 그것을 거부하거나 무시하거나 버리는 것은 후대에 비난을 가져올 것입니다. 마음의 불변성, 목적의 지속성 및 결정의 단순성이 전쟁뿐만 아니라 평화 속에서도 우리 두 민족의 행동을 인도하고 다스릴 것입니다. 우리는 이 가혹한 요구사항에 부합한다는 것을 증명해야 하며, 그렇게 될 것이라고 믿습니다.

최근 연합군의 승리로 밝혀진 장면들에 그림자가 드리우고 있습니다. 소비에트 러시아와 공산주의 국제조직이 가까운 장래에 무엇을 하려고 하는지 또는 그들의 확산 정책의 한계가 무엇인지 아무도 모르고 있습니다. 저는 용감한 러시아 국민과 스탈린 원수에게 깊은 경의와 존경을 표합니다. 영국인들은 모든 러시아 국민에 대한 호의와 공감을 가지고 있으며, 많은 차이점과 거부를 극복하고 지속적인 우정을 쌓겠다는 결의가 있습니다. 우리는 러시아가 독일 침략의 모든 가능성을 제거하여 서부 국경에서 안전을 도모할 필요를 느낍니다. 우리는 러시아가 세계의 주요 국가들 사이에서 정당한 자리에 오른 것을 환영합니다. 무엇보다도 우리는 대서양 양쪽에서 러시아 국민과 우리 국민 사이의 지속적이고 빈번하며 증가하는 접촉을 환영합니다. 그러나 유럽의 현재 위치에 대한 특정 사실을 여러분에게 제시하고자 하며, 이것이 저의 의무입니다.

발트해의 슈테틴에서 아드리아해의 트리에스테까지 대륙을 가로질러 철의 장막이 드리워졌습니다. 그 장막 뒤에는 고대 중부 및 동부 유럽 국가의 모든 수도가 있습니다. 바르샤바, 베를린, 프라하, 비엔나, 부다페스트, 베오그라드, 부쿠레슈티, 소피아, 이 모든 유명한 도시와 그 주변의 인구는 내가 소비에트 영역이라고 불러야 하는 영역에 있으며, 모두 소련의 영향뿐만 아니라 어떤 형태로든 종속되어 있으며, 어떤 경우에는 모스크바의 통제가 증가하기도 합니다. 불멸의 영광을 지닌 아테네만이 영국, 미국, 프랑스의 관찰 아래 선거에서 미래를 자유롭게 결정할 수 있습니다. 러시아가 지배하는 폴란드 정부는 독일에 막대한 침해를 조장해 왔으며, 수백만 명의 독일인을 슬프고 상상도 할 수 없는 규모로 대량 추방하고 있습니다. 유럽의 모든 동부 국가에서 매우 작았던 공산당은 그 수를 훨씬 뛰어넘는 수와 권력으로 성장했으며 모든 곳에서 전체주의적 통제를 획득하려고 노력하고 있습니다. 경찰 정부는 거의 모든 경우에 우세하며, 지금까지 체코슬로바키아를 제외하고는 진정한 민주주의가 없습니다. 튀르키예와 페르시아는 그들에게 제기되는 주장과 모스크바 정부가 가하는 압력에 심히 경각심을 갖고 불안해하고 있습니다. 베를린의 러시아인들은 좌익 독일 지도자 그룹에 특별한 호의를 보여줌으로써 독일 점령 지역에서 유사 공산주의 정당을 건설하려는 시도를 하고 있습니다. 지난 6월 전투가 끝날 무렵 미국과 영국군은 이전 합의에 따라 서쪽으로 거의 400마일에 가까운 전선에서 150마일 깊이까지 철수하여 러시아군이 서방의 민주주의가 정복한 광활한 지역을 점령할 수 있도록 했습니다. 만일 소련 정부가 지금 별개의 조치를 취해 자신들의 지역에서 프로공산당 독일을 건설하려고 한다면, 이는 영국과 미국 지역에서 새로운 심각한 어려움을 일으킬 것이며, 패배한 독일인들이 스스로 소련과 서양 민주국가들 사이에서 경매에 내놓을 권력을 부여할 것입니다. 이러한 사실에서 어떤 결론을 이끌어내든 간에 이것은 확실히 우리가 건설하기 위해 싸운 해방된 유럽이 아닙니다. 영원한 평화의 필수 요소를 담고 있는 것도 아닙니다.

전쟁 중에 우리의 러시아 친구와 동맹국을 본 바로는, 그들이 군사적 강점만큼 존경하는 것은 없으며, 약점, 특히 군사적 약점보다 경멸하는 것은 없다는 것입니다. 그런 이유로 힘의 균형에 대한 오래된 교리는 건전하지 않습니다. 우리가 도울 수 있다면, 힘의 시련에 유혹을 제공하면서 근소한 차이로 일할 여유가 없습니다.

서구 민주주의 국가들이 유엔 헌장의 원칙을 엄격히 준수하면서 단결한다면 이러한 원칙을 발전시키는 데 있어 그들의 영향력은 막대할 것이며 아무도 그들을 괴롭히지 않을 것입니다. 그러나 그들이 분열되거나 그들의 의무가 흔들린다면 그리고 이 가장 중요한 세월이 흘러가도록 허용된다면 참으로 재앙이 우리 모두를 압도할 수 있습니다.

부록 3

북대서양 조약 전문[01]

North Atlantic Treaty

워싱턴 D.C. - 1949년 4월 4일

이 조약의 당사국은 유엔 헌장의 목적과 원칙에 대한 믿음과 모든 국민 및 모든 정부와 평화롭게 살고자 하는 열망을 재확인합니다.

그들은 민주주의, 개인의 자유 및 법치주의 원칙에 기초한 자유, 공동 유산 및 민족의 문명을 보호하기로 결정했습니다. 그들은 북대서양 지역의 안정과 번영을 추구합니다.

그들은 집단적 방어와 평화와 안보의 수호를 위해 노력을 통합하기로 결의했습

---

01 제2차 세계대전 이후 미국을 주축으로 영국, 프랑스, 벨기에, 캐나다, 덴마크, 아이슬란드, 이탈리아, 룩셈부르크, 네덜란드, 노르웨이, 포르투갈 등 12개국 사이에 체결된 집단안보보장 조약으로서 1949년 4월 워싱턴 D.C에서 딘 애치슨의 주도하에 서명되었다. 전문 14조로 구성된 이 조약은 2차대전 후 냉전이 격화됨에 따라 소련의 위험에 대처하기 위해 유럽지역의 브뤼셀 조약과 미국-캐나다의 집단안전보장조약을 기초로 체결되었다. 이 조약은 본질상 군사 동맹체로서, 1차대전 이후 국제연맹이 군사력을 가지지 못했던 맹점을 보완하기 위해 제5조에 체결국에 가해지는 무력행사에 대한 자위권 행사와 상호 원조를 근간으로 하고 있다. 이 조약은 나토(북대서양조약기구)의 설립 근거가 되고 있으며, 집단안보체제가 확립되었다는 점에서 큰 의미를 가지고 있으나, 냉전시대 소련 견제용으로 형성된 조약이 소련 해체 후에 세력을 확장하며 미국 패권의 기능 강화의 역할을 담당하고 있다는 측면에서 여러 문제점을 담지하고 있다. 조약의 원문은 나토 홈페이지(www.nato.int)에 있다.

니다. 따라서 그들은 이 북대서양 조약에 동의합니다.

제1조

각 당사국은 유엔 헌장에서 명시된 대로, 국제 평화와 안보, 그리고 정의가 위협되지 않는 방식으로 평화적인 수단으로 자신이 관련된 국제 분쟁을 해결하기로 약속한다. 또한 유엔 목적과 일치하지 않는 어떠한 형태의 위협 또는 강제 사용을 국제적인 관계에서 자제할 것이다.

제2조

당사국은 자유로운 제도를 강화하고, 이러한 제도의 기초가 되는 원칙에 대한 이해를 높이고, 안정과 복지의 조건을 촉진함으로써 평화롭고 우호적인 국제 관계의 발전에 기여할 것이다. 그들은 국제 경제 정책에서 갈등을 제거하려고 노력할 것이며 그들 사이의 경제적 협력을 장려할 것이다.

제3조

이 조약의 목적을 보다 효과적으로 달성하기 위해 당사국은 개별적으로 그리고 공동으로 지속적이고 효과적인 자조 및 상호 원조를 통해 무장 공격에 저항할 수 있는 개별적 및 집단적 능력을 유지하고 개발할 것이다.

제4조

각 당사국은 당사국 중 어느 하나의 영토적 무결성, 정치적 독립 또는 안보가 위협될 경우, 해당 당사국 하나의 의견에 따라 상호 협의할 것이다.

제5조

각 당사국은 유럽 또는 북아메리카에서 하나 이상의 당사국에 대한 무장 공격은 모든 당사국에 대한 공격으로 간주됨에 동의하며, 따라서 만약 그러한 무장 공격이 발생할 경우, 유엔 헌장 제51조에서 인정된 개별 또는 집단적 자기 방어권의 행사로서, 각 당사국은 공격당한 당사국을 즉시 개별적으로 또는 다른 당사국과 함께 조치를 취하여 북대서양 지역의 안보를 유지하고 회복하기 위한 필요한 조치를 취할 것이다. 이러한 조치에는 무력의 사용을 포함한다.

그러한 무력 공격과 그 결과 취해진 모든 조치는 즉시 안전보장이사회에 보고된다. 이러한 조치는 안전보장이사회가 국제 평화와 안전을 회복하고 유지하기 위해 필요한 조치를 취했을 때 종료된다.

제6조
제5조의 목적상, 다음의 하나 이상을 포함하는 경우 무장 공격으로 간주된다.
- 유럽 또는 북미의 당사국 영토, 프랑스의 알제리 지방, 튀르키예 영토 또는 북회귀선 북쪽 북대서양 지역의 당사국 관할 섬에 대한 무장 공격;
- 조약이 발효된 날짜에 당사국의 점령군이 주둔한 유럽의 영토 또는 기타 지역 또는 지중해, 북회귀선 북쪽의 바다 또는 북대서양 지역에 있는 당사국의 군대, 선박 또는 항공기에 대한 무장 공격

제7조
이 조약은 유엔 회원국인 당사국 헌장에 따른 권리와 의무 또는 국제 평화와 안전 유지를 위한 안전보장이사회의 주요 책임에 영향을 미치지 않으며, 어떤 식으로든 영향을 미치는 것으로 해석되지 않는다.

제8조
각 당사국은 자신과 다른 당사국 또는 제3국 간에 현재 시행 중인 국제 협약이 본 조약의 조항과 충돌하지 않음을 선언하고, 본 조약과 충돌하는 국제 협약을 체결하지 않을 것을 약속한다.

제9조
당사국은 본 조약의 이행에 관한 문제를 검토하기 위해 각 당사국을 대표하는 이사회를 구성한다. 이사회는 언제든지 신속하게 회합할 수 있도록 조직되어야 한다. 이사회는 필요한 보조 기구를 설치한다. 특히 제3조와 제5조의 이행을 위한 조치를 권고할 군사위원회를 즉시 설립해야 한다.

제10조

당사자들은 만장일치로 다른 유럽 국가를 초청하여 이 조약의 원칙을 촉진하고 북대서양 지역의 안보에 기여할 수 있는 국가를 조약에 가입하도록 할 수 있다. 이러한 초청을 받은 국가는 미국 정부에 가입서를 제출함으로써 이 조약의 당사자가 될 수 있다. 미국 정부는 이러한 가입서의 제출을 각 당사자에게 통보할 것이다.

제11조

이 조약은 비준되어야 하며 그 규정은 각자의 헌법 절차에 따라 당사국에 의해 수행된다. 비준서는 가능한 한 빨리 미합중국 정부에 제출되며 미합중국 정부는 각 제출에 대해 다른 모든 서명국에 통지할 것이다. 이 조약은 벨기에, 캐나다, 프랑스, 룩셈부르크, 네덜란드, 영국 및 미국을 포함한 서명국 대다수의 비준이 완료되는 즉시 조약을 비준한 국가 간에 발효된다. 비준서가 제출된 날에 다른 국가에 대하여 효력을 발생한다.

제12조

이 조약이 10년간 유효한 후 또는 그 이후 언제든지 한 나라라도 요청하면, 조약의 검토를 위해 상호 협의한다. 이는 유엔의 헌장 하에서 국제 평화와 안보를 유지하기 위한 전 세계적 및 지역적 조치의 발전을 포함하여, 그 시점에서 평화와 안보에 영향을 미치는 요소들을 고려한다.

제13조

협약이 효력을 발휘한 이후 20년이 지난 후에는, 어떤 당사자도 미국 정부에 통보함으로써 탈퇴 의사를 표시한 후 1년 후에 당사자 자격을 상실할 수 있다. 미국 정부는 탈퇴 통보서의 제출에 대해 각 당사자의 정부에 통보한다.

제14조

영어와 프랑스어 원본이 동등하게 정본인 이 조약은 미합중국 정부 기록 보관소에 기탁된다. 정당하게 인증된 사본은 해당 정부에서 다른 서명국 정부로 전달된다.
1. 제5조가 적용되는 영토의 정의는 1951년 10월 22일에 서명된 그리스와 튀르키

예의 가입에 관한 북대서양 조약의 의정서 제2조에 의해 개정되었다.
2. 1963년 1월 16일, 북대서양 위원회는 프랑스의 이전 알제리 부서에 관한 이 조약의 관련 조항이 1962년 7월 3일부로 적용되지 않는다는 점에 주목했다.
3. 이 조약은 1949년 8월 24일 모든 서명국의 비준이 기각된 후 발효되었다.

부록 4

제1차 전략무기제한협정 전문:
Strategic Arms Limitation Treaty(SALT)

전략무기제한 관련 일부 조치에 관한 미소 간 잠정 협정(SALT I)[01]

Interim Agreement Between The United States Of America And The Union Of Soviet Socialist Republics On Certain Measures With Respect To The Limitation Of Strategic Offensive Arms (SALT I)

미합중국과 소연방은 이하 각 '당사국'이라 지칭한다.

핵탄두 방어 시스템(ABMS) 한계에 관한 조약과 이러한 제한에 관한 일부 조치에 대한 임시 합의서가 미사일 방어에 관한 한계 조약과 함께 핵전략 공격 무기의 한

---

01 전략무기제한협정은 1962년 10월 쿠바 미사일 위기 이후 미국과 소련의 전략 핵무기 상호제한의 필요성에 의해 1969년부터 협상에 들어가 1972년 5월 모스크바에서 1차 조약, 1979년 6월 비엔나에서 2차 조약을 맺게 되는 역사적인 협정이다. 특히 1차 협정은 닉슨-키신저에 의해 추진되어 데탕트를 여는 데 큰 역할을 한 역사적인 협정문이므로 여기에 전문을 싣는다. 2차 협정은 1차 협정에서 다룬 감축과 양적 제한을 넘어 질적 제한까지 포괄적으로 다루었다. 여기에서 양국은 2,250개의 핵 운송수단과 다탄두 미사일 1,200기, 잠수함과 폭격기 1,320기로 제한했다. 하지만 협정 명칭에서 알 수 있듯이 SALT는 핵탄두의 운송수단인 ICBM, SLBM, 전략폭격기 등을 제한한 것이지 핵탄두의 숫자를 줄인 것은 아니었다. 이후 미소 간 군비경쟁과 갈등이 고조되지만, 1987년 고르바초프와 레이건 사이에 INF(Intermediate Range Nuclear Forces Treaty) 협정을 맺어 유럽에 배치된 IRBM을 철수하는 등의 합의를 이뤄낸다. 소련 해체 이후, H.W.부시 대통령은 1991년 전략핵무기 감축을 위해서 '제1차 전략무기감축협정(START I-Strategic Arms Reduction Treaties)'을 맺게 되고, 1992년에 제2차 전략무기감축협정을, 2010에 New START 협정을 맺으면서 내용을 승계한다. 2022년 2월 러-우 전쟁으로 인해 미러 관계가 악화되면서 푸틴 대통령은 New START 참여를 중단한 상태이다.

계에 관한 적극적인 협상을 위한 보다 유리한 조건 조성 및 국제 긴장 완화와 국가 간 신뢰 강화에 기여할 것을 확신한다.

핵전략 공격과 방어 무기 간의 관계를 고려한다.

핵무장 확산 방지 조약 제6조에 따른 의무를 염두에 두고 다음과 같이 합의한다:

제1조

당사국은 1972년 7월 1일 이후 추가로 고정 지상 기반의 대륙간 탄도 미사일(ICBM) 발사기를 건설하지 않겠다는 것을 약속한다.

제2조

당사국은 경량 ICBM 또는 1964년 이전에 배치된 구형 ICBM을 대형 ICBM으로 전환하여 지상 발사기에 배치하지 않겠다는 것을 약속한다. 이전에 배치된 구형 ICBM은 1964년 이후에 배치된 대형 ICBM으로 전환하여 지상 발사기에 배치하지 않겠다는 것도 약속한다.

제3조

당사국은 잠수함 기반 탄도 미사일(SLBM) 발사기 및 최신형 탄도 미사일 잠수함 수를, 이 잠정 협정 서명일에 작동 중이거나 건설 중인 수준으로 제한할 것이다. 이에 더하여, 당사국은 1964년 이전에 배치된 구형 ICBM 발사기의 수와 동등한 수의 대체용 대형 ICBM 발사기 또는 구형 잠수함의 발사기 대체를 위해 당사국이 정한 절차에 따라 건설된 발사기와 잠수함을 추가로 배치할 수 있다.

제4조

이 잠정 협정의 규정에 따라, 본 합의서에서 나누는 선략적 공격용 탄도 미사일 및 발사기의 현대화 및 대체가 가능하다.

제5조

1. 이 잠정 협정의 규정 준수를 보증하기 위해, 각 당사국은 국제법의 일반적으로

인정된 원칙과 일치하는 방식으로 각 당사국이 가지고 있는 국가 기술 수단을 사용할 것이다.
2. 각 당사국은 제1항에 따라 작동하는 다른 당사국의 국가 기술 검증 수단에 간섭하지 않겠다는 것을 약속한다.
3. 각 당사국은 이 잠정 협정의 규정 준수를 검증하는 국가 기술 수단의 확인을 방해하는 고의적인 은닉 조치를 사용하지 않겠다는 것을 약속한다. 이 의무는 현재 건설, 조립, 전환 또는 개조 관행에 대한 변경을 요구하지 않는다.

이 잠정 협정 조항의 목표와 이행을 촉진하기 위해 당사국은 탄도탄 요격 미사일 체계 제한에 관한 조약 제13조에 따라 설립된 상설 협의 위원회를 해당 조항에 따라 활용한다.

제7조

당사국은 전략 공격무기 제한에 대한 적극적 협상을 계속할 것이다. 이번 잠정 협정에서 제공되는 의무는 추가 협상 과정에서 협상될 수 있는 전략 공격무기의 범위나 조건에 영향을 미치지 않는다.

제8조

1. 이번 잠정 협정은 당사국 각각의 서면 수락 통지 교환으로 효력을 발생한다. 이 교환은 탄도탄 요격 미사일 시스템 제한 조약 비준 문서 교환과 동시에 이루어진다.
2. 이번 잠정 협정은 전략 공격무기를 보다 완전하게 제한하는 조치에 대한 협정으로 대체되기 전까지 5년간 유지된다. 당사국의 목표는 가능한 한 빨리 이러한 협정을 맺기 위해 적극적인 추적 조치를 취하는 것이다.
3. 각 당사국은 국가 주권을 행사함에 있어, 이번 잠정 협정의 대상과 관련된 예외적인 사건이 최고의 이익을 위협하고 있다고 판단하면 이번 잠정 협정에서 탈퇴할 권리가 있다. 이 경우, 이번 잠정 협정에서 탈퇴하기 6개월 전에 상대 당사자에게 결정을 통지하여야 한다. 이러한 통지는 통지하는 당사자가 최고의 이익을 위협한 예외적인 사건에 대한 진술을 포함해야 한다.

이는 1972년 5월 26일 모스크바에서 영어와 러시아어 각각 두 부본으로 작성되었으며 양쪽 언어 모두가 동등하게 인증된 것이다.

미합중국 측:
리차드 닉슨, 미합중국 대통령

소비에트연방 측:
레오니드 브레즈네프, 소련 중앙위원회 총서기

미소 간 전략 무기 제한 일부 조치에 대한 잠정 협정 프로토콜

미국과 소련은 이하 "당사자"로 지칭되며, 임시 협정에서 잠수함 기반 탄도 미사일 발사기 및 최신형 탄도 미사일 잠수함, 그리고 교체 절차와 관련한 일부 제한에 대해 합의한 바 있다.

따라서, 당사자는 다음과 같이 합의한다:

임시 협정 제III조에 따라, 해당 협정이 유효한 기간 동안:
- 미국은 잠수함(SLBM)에 최대 710개의 탄도 미사일 발사기를 가지며, 최신형 탄도 미사일 잠수함은 44척 이하여야 한다.
- 소련은 잠수함에 최대 950개의 탄도 미사일 발사기를 가지며, 최신형 탄도 미사일 잠수함은 62척 이하여야 한다.

1964년 이전 배치된 구형 타입의 탄도 미사일 발사기 또는 이전 잠수함의 탄도 미사일 발사기 수에 대한 대체 수단으로, 미국에서 656개의 핵추진 잠수함 탄도 미사일 발사기, 소련에서 740개의 핵추진 잠수함 탄도 미사일 발사기(운용 중 및 건조 중), 이상의 추가 잠수함 탄도 미사일 발사기는 운용 가능하다.

모든 유형의 잠수함에 최신형 SLBM을 장착한 경우, 이는 미국과 소련에 허용된 총 SLBM 수준에 포함된다.

이 프로토콜은 임시 협정의 일부로 간주된다.

이는 1972년 5월 26일 체결되었다.

미합중국 측:
리차드 닉슨, 미합중국 대통령

소비에트연방 측:
레오니드 브레즈네프, 소련 중앙위원회 총서기

미소 간 전략 공격 무기 제한에 관한 특정 조치 잠정 협정에 관한 합의 성명, 공동 이해 및 일방 성명

1. 합의 성명

아래에 제시된 문서는 미국과 소련 대표단의 수장이 1972년 5월 26일에 합의하고 초기 서명을 했다 (문자 표기 추가):

『A』

양 당사국이 잠정합의에서 언급된 육상 ICBM 발사기는 북미 북동부 국경과 소련 북서부 국경 사이의 가장 짧은 거리보다 더 긴 사정거리를 갖는 전략 탄도 미사일을 발사할 수 있는 발사기로 이해된다.

『B』

양 당사국은 잠정합의 서명일에 이미 건설 중인 고정 육상 ICBM 발사기는 완성될 수 있음을 인지한다.

『C』

양 당사국은 현대화 및 교체 과정에서 지상기반 ICBM 사일로 발사기의 크기가 크게 증가하지 않을 것임을 인지한다.

『D』

양 당사국은 잠정합의 기간 동안 ICBM 또는 SLBM 시험 및 훈련 발사기의 수, 혹은 최신 지상기반 중량급 ICBM 발사기의 수가 크게 증가하지 않을 것으로 이해한다. 또한, 시험장에서의 ICBM 발사기 건설 또는 개조는 시험 및 훈련 목적으로만 이루어질 것으로 이해한다.

『E』

양 당사국은 1964년 이전 배치된 구형 ICBM 발사기와 최신 잠수함에 신형 SLBM 발사기로 대체되는 구형 잠수함 탄도 미사일 발사기의 분해 또는 파괴는 대체 잠수함의 해상시험 시운전 시 시작되며, 합의된 가능한 최단 기간 내에 완료될 것으로 이해한다. 이러한 분해 또는 파괴 및 적시의 통보는 상담위원회에서 합의 절차에 따라 수행될 것이다.

2. 공동 이해

양 당사국은 협상 과정에서 다음과 같은 문제에 대해 공통 이해를 도출했다:

A. ICBM 사일로 크기의 증가

1972년 5월 26일 스미스 대사는 다음과 같은 발언을 했다:
양 당사국은 '크게 증가하지 않는다'는 용어가 지상기반 ICBM 사일로 발사기의 현재 크기에서 10~15% 이상 증가시키지 않음을 의미하는 데 동의한다.
세메노프 장관도 이 발언이 소련의 이해에 부합한다고 답했다.

B. 상설협의위원회

스미스 대사는 1972년 5월 22일 다음과 같은 발언을 했다:

미국은 ABM 조약 제13조에 따른 상설협의위원회(SCC) 및 잠정합의와 사고조약의 협상조항에 관한 초기 시행에 있어서 다음과 같은 합의가 이루어지기를 제안한다.

1971년 9월 30일 서명된 미소 핵전쟁 발발 위험 감소 합의서 제7조 참조, SCC를 설립하는 합의는 다음 단계의 SALT 협상 초기에 시작될 것이다. 그 전까지는 다음과 같은 조항이 적용된다. SALT가 진행 중일 때, 양측 중 하나가 이러한 조항에 따른 상의를 원할 경우, 두 개의 SALT 대표단이 이를 수행할 수 있다. SALT가 개최되지 않은 경우에는 외교 채널을 통해 이러한 조항에 따른 상의를 원하는 경우에는 적극적인 임시 조치를 취할 수 있다.

세메노프 장관은 조건부로 미국의 발언을 소련이 이해한다는 데 동의할 수 있다는 답을 했다.

C. 효력정지

1972년 5월 6일, 세메노프 장관은 다음과 같이 발언했다:

미국 측의 희망을 수용하기 위한 노력의 일환으로, 소련 대표단은 두 서류의 서명일로부터 시작되는 잠정 협정과 ABM 조약의 의무를 실제로 준수할 것이라는 전제 하에 진행할 준비가 되어 있다.

이에 대해, 미국 대표단은 1972년 5월 20일에 다음과 같이 발언했다:

미국은 서명일로부터 시작되는 의무 준수에 관한 5월 6일 소련의 성명에 원칙적으로 동의하지만, 이는 협정이 발효된 후 비준 및 수락이 있을 때까지 어느 쪽도 금지된 조치를 취하지 않는다는 것을 의미한다는 것을 분명히 하고자 한다. 이러한 양해는 비준이나 승인을 진행하지 않겠다는 서명국의 의사를 통지하지 않는 한 계속 적용될 것이다.

소련 대표단은 미국 발언에 동의했다.

3. 일방 성명

(a) 미국 대표단은 협상 중 다음과 같은 주목할 만한 일방적 발언을 했다:

A. ABM 조약 탈퇴

1972년 5월 9일, 스미스 대사는 다음과 같이 발언했다:

미국 대표단은 ABM 조약 및 전략무기제한조약 및 일부 조치에 관한 잠정협정에 대한 합의 이후, 더욱 완전한 전략핵무기제한에 대한 합의를 달성하는 것이 미국 정부가 매우 중요하게 여기는 사안임을 강조해왔다.

미국 대표단은 후속협상의 목표는 우리 각자의 전략보복력 생존 가능성에 대한 장기적 위협을 제한하고 줄이는 것이어야 한다고 믿고 있다. 소련 대표단은 또한, 더욱 완전한 전략무기제한을 담은 합의가 이루어지지 않으면 SALT의 목표를 이룰 수 없을 것이라고 밝혔습니다. 양측은 초기 합의는 전략무기의 더욱 완전한 제한을 달성하기 위한 단계라는 것을 인식하고 있다. 전략무기제한에 대한 보다 완전한 합의가 5년 이내에 이루어지지 않으면 미국의 최고 이해관계가 위협될 수 있습니다. 그렇게 된다면 ABM 조약 탈퇴의 근거가 될 것이다. 미국은 그러한 상황이 발생하지 않길 바라며, 소련도 그렇게 생각하지 않을 것으로 믿는다. 이러한 상황을 예방하기 위해 미국 정부가 전략무기제한의 보다 완전한 달성을 매우 중요시하고 있다는 것을 강조한다. 미국 행정부는 ABM 조약 및 잠정협정의 의회 검토와 관련하여 미국의 입장을 밝힐 것이다.

B. 육상 이동식 ICBM 발사기

미국 대표단은 1972년 5월 20일 다음과 같은 발언을 했다:

육상 이동식 ICBM 발사기에 대한 중요한 문제와 관련하여, 잠정 협약을 체결하는 것이 중요한 이유로, 미국 대표단은 이제 제1조 또는 합의된 성명이 이동식 육상 기반 ICBM 발사기의 배치를 명시적으로 금지하는 제안을 철회한다. 더 완전한 전략무기제한에 대한 후속 협상에서 운용 중인 육상 이동식 ICBM 발사기의 제한 문제를 연기하기로 합의했다는 것을 알린다. 잠정 협약 기간 중 운용 중인 육상 이동식 ICBM 발사기의 배치는 이 협약의 목적과 일치하지 않는다고 미국은 생각한다.

C. 기밀 시설

미국 대표단은 1972년 5월 20일 다음과 같은 발언을 했다:

미국이 임무를 맡은 장비의 임시 출항 또는 입항, 그리고 잠수함의 시설 이용을 포함한 제5조 조항의 중요성을 강조하고자 한다.

D. "중량급" ICBM

미국 대표단은 1972년 5월 26일 다음과 같이 발언했다:
소련 대표단이 중량급 미사일에 대한 공통 정의에 동의하지 않으려는 것을 유감으로 생각한다. 이러한 상황에서 미국 대표단은 다음과 같이 밝히는 것이 필요하다고 믿는다: 미국은 양측 중 지금 운용 중인 가장 큰 가벼운 ICBM보다 큰 부피를 가진 모든 ICBM을 중량급 ICBM으로 간주할 것이다. 미국은 소련 측이 이러한 고려를 적절히 고려할 것으로 기대한다.

1972년 5월 17일, 세메노프 장관은 다음과 같은 일방적인 "소련측 진술문"을 발표했다:
현대의 탄도 미사일 잠수함은 미국 뿐만 아니라 그의 NATO 동맹국들도 보유하고 있기 때문에, 소련은 잠정동결협정이 유효한 기간 동안 미국과 그의 NATO 동맹국들이 총 800발의 탄도 미사일 발사기를 장착한 최대 50척의 잠수함을 보유할 수 있다는 데 동의한다(그 중에 656발의 탄도 미사일 발사기가 장착된 41척의 미국 잠수함을 포함한다). 그러나 협정이 유효한 동안 NATO 동맹국이 협정 서명 시 운용 중이거나 건조 중인 잠수함의 수를 초과하여 그들의 현대 잠수함의 수를 늘린다면, 소련은 그에 상응하는 수의 잠수함 보유권을 가질 것이다. 소련 측의 견해에 따르면, 잠정동결협정에서 제시된 현대 탄도 미사일 잠수함 문제의 해결은 소련과 미국의 핵추진 미사일 잠수함의 전략적 불균형을 부분적으로 보상하는 데 그치므로, 소련 측은 이 문제 전체 및 특히 미국의 해외 미사일 잠수함 기지 철수 문제는 후속 협상 과정에서 적절하게 해결될 것으로 믿는다.

5월 24일, 스미스 대사는 세메노프 장관에게 다음과 같이 답변했다:
미국 측은 제3국 소유의 잠수함 기지와 SLBM 잠수함에 대한 보상에 관한 5월 17일 소련 측의 발언을 고찰해보았다. 미국은 그 발언의 타당성을 인정하지 않는다.
5월 26일, 세메노프 장관은 5월 17일에 한 일방적 발언을 반복했다. 스미스 대사는 미국의 거부 의사를 5월 26일에도 반복했다.

참고 자료

참고 문헌

Bella, Timothy. "Kissinger says Ukraine shoulde cede territory to Russia to end war", *The Washington Post*, 2022. 5. 24.

Deni, John R. "Yes, the US Should Weaken Russia", *Foreign Policy*, 2022. 5. 4.

Fullilove, Michael. "Henry Kissinger on leaders in history, the Ukraine war, and Australia's relationship with China", In this episode of The Director's Chair, Michael Fullilove speaks with Dr. Henry Kissinger, *Lowy Institute*, 2022. 12. 13.

Goldberg, Jeffrey. "World Chaos And Word Order: Conversations with Henry Kissinger", *The Atlantic*, 2016. 11. 10.

Heilbrunn, Jacob. "The Interview: Henry Kissinger", *The National Interest*. 2015. 8. 19.

Kissinger, Henry. *Diplomacy*. Simon & Schuster, NY:1994

----------------. "The Limits of Universalism". *New Criterion*. 2012. 6.

----------------. *World Order*. Penguin Books, 2014

----------------. "To Settle the Ukraine Crisis, Start at The End", *The Washington Post*, 2014. 3. 5.

----------------. "How to avoid another world war", *The Spectator*, 2022. 12. 17.

Lord, Winston. *Kissinger on Kissinger: Reflections on Diplomacy, Grand Strategy, and Leadership*, All Points Books, 2019. 5. 14

Luce, Edward. "Henry Kissinger: We are in a very, very grave period". *Financial Times*. 2018. 7. 20.

----------------. "We are now living in a totally new era", interview with H.Kissinger. *Financial Times*, 2022. 5. 9.

Mead, Walter. "Kissinger vs. Soros on Russia and Ukraine", *WSJ*, 2022. 5. 25.

Pomfret, John. "45 years ago, Kissinger envisioned a 'pivot' to Russa. Will Trump make it happen?", *The Washingon Post*. 2016. 12. 14.

RM Staff. "Kissinger on Russia: Insights and Recommendations", *Russia Matters*, 2019. 6. 22.

RM Staff. "'Kissinger's Post-War Vision Puts Ukraine in NATO but Also has an 'Opening to Russia'". *Russia Matters*, 2023. 1. 18

Roberts, Andrew. "There are three possible outcomes to this war: Henry Kissinger interview", *The Spectator*, 2022. 7. 2.

Roy, Stapleton. "'The Key of Our Time': A Conversation with H.Kissinger on Sino-U.S. Relations", Wilsoncenter. 2018. 9. 13. 윌슨센터50주년, 키신저연구소10주년 기념 대담 중

Schmits, Gregor Peter. "Henry Kissinger warns about a New Cold War between the USA and China: '… this under present circumstances might destroy civilized life'", *Stern magazine*.

Secor, Laura. "Henry Kissinger is Worried About Disequilibrium", *WSJ*, 2022. 8. 12.

Wise, David. "The Secret Committee Called '40'", *The New York Times*, 1975. 1. 19.

Гусман, Михаил. "Генри Киссинджер: Россия и США должна проявить взаимоуважение", *Российская Газета*, 2019. 3. 26.

강성학, 『헨리 키신저』. 박영사, 서울: 2022
김동열, '미국의 대러시아 외교: 지정학의 회귀?', JPI 정책포럼. 2015. 4. 17
딕슨, 피터. 『키신저 박사와 역사의 의미』, 강성학 역. 박영사, 서울: 1985
문일, "키신저 책임론 국제이슈 대두", 국민일보, 2002년 4월 27일자
브레진스키, 즈비그뉴. 『거대한 체스판』, 김명섭 역. 삼인. 서울: 2000
키신저, 헨리. 『백악관시절』, 문화방송 경향신문, 서울: 1979
--------------, 『중국 이야기』, 권기대 역, 민음사, 서울: 2012
--------------, 『회복된 세계』. 박용민 역, 북앤피플, 서울: 2014
--------------, 『세계 질서』. 이현주 역, 민음사, 서울: 2016
신석호, '키신저, 선인가 악인가' 주간동아 1072호, 2017
우태영, "100세 키신저가 일으킨 또 다른 우크라이나 전쟁", 주간조선, 2022. 6. 5.
함규진, 『조약으로 보는 세계사 강의』, 서울: 제3의공간, 2017.
허승철, '2010년 우크라이나 대통령 선거 분석', 한국러시아문학회, 2010, vol.34
히친스, 크리스토퍼. 안철흥 역, 『키신저 재판』. 아침이슬, 서울: 2001

참고영상

1. Churchill, Winston. 'Sinews of Peace', 1946. 3. 5.
   https://www.youtube.com/watch?v=ZA5ISi9yhhs

2. Rose, Charlie. 'Henry Kissinger on Putin and Ukraine', 2014. 3. 6.
   https://www.youtube.com/watch?v=Yo-ETPMBG70

3. Henry Kissinger discusses ISIS, Ukraine, and Russia, 2014. 9. 8.
   https://www.youtube.com/watch?v=B9FO77vlqto

4. Henry Kissinger, Wicker Discuss Future of NATO. 2018. 1. 26.
   https://www.youtube.com/watch?v=Mddq4hy58tk

5. 강성학. 헨리 키신저의 Diplomacy. 2000. 1. 27.
   https://www.youtube.com/watch?v=tpWq1kZwNIw

6. 미상원 군사위원회 청문회. 2018. 1. 25.
   https://www.armed-services.senate.gov/hearings/18-01-25-global-challenges-and-us-national-security-strategy

7. 블룸버그 포럼, 키신저 연설. 2022. 11. 15.
   https://youtu.be/TctcPUvghxk

8. 다보스 포럼, 키신저 연설. 2023. 1. 17.
   https://youtu.be/lbCFnn_g_MI

참고 사이트

미상원 군사위원회(US Senate Committee on Armed services) www.armed-services.senate.gov

영국국립문서보관소(The National Archives) www.nationalarchives.gov.uk

나토(NATO) www.nato.int

유네스코 세계기록유산 www.unesdoc.unesco.org

국제연합헌장 www.law.go.kr

세계경제포럼(WEF) www.weforum.org

감사의 말

이 책은 '세계의 석학들, 우크라이나 사태를 말하다' 시리즈로서 우선 네 분의 학자님들께 우선 감사드린다. 네 분 학자님들의 연락처를 공유해 주시고 러시아 번역출판을 도와주신 러시아외교부 산하 외교아카데미 예브게니 바자노프 전 총장님께 감사드리며, 책을 쓸 때 여러모로 도움 주신 데일 김, 예브게니 슈테판, 황건, 김선미, 최정현, 박종수, 박형규 선생님께 감사드린다. 그리고 <헨리 키신저>의 저자 강성학 교수님께 감사드린다. 나의 가족, 뿌쉬낀하우스 가족 여러분 모두에게 깊은 감사 드린다. 특히 디자이너 김율하 씨에게 감사한다. 부족하나마 러-우 전쟁의 실체를 밝히고자 하는 마음으로 집필하였으니 부디 많은 독자 여러분이 역사와 국제정치에 대한 이해와 통찰력을 넓히는 데에 작은 도움이 되길 바라며, 진정한 평화 및 국제질서의 안정을 위해 우리가 무엇을 해야 하는가 함께 고민할 수 있기를 바란다.

2023. 5. 9.
지은이 김선명

헨리 키신저,
우크라이나 사태를 말하다

초판 발행 2023년 5월 27일

저자 김선명

펴낸이 김선명
펴낸곳 뿌쉬낀하우스
디자인 김율하
일러스트 박서현
주소 서울시 중구 퇴계로20나길 10, 신화빌딩 202호
전화 02)2237-9387
팩스 02)2238-9388
이메일 book@pushkinhouse.co.kr
홈페이지 www.pushkinhouse.co.kr
출판등록 2004년 3월 1일 제 2004-0004호

ISBN 979-11-7036-079-7 03340

Published by Pushkin House. Printed in Korea.
Copyright ⓒ Pushkin House

* 이 책은 저작권법에 의해 보호를 받는 저작물이므로 무단 전재와 무단 복제를 금합니다.